ALTDEUTSCHE TEXTBIBLIOTHEK

Begründet von Hermann Paul †
Fortgeführt von Georg Baesecke †
Herausgegeben von Hugo Kuhn
Nr. 60

Hermann Bote

Der Köker

Mittelniederdeutsches Lehrgedicht aus dem

Anfang des 16. Jahrhunderts

Herausgegeben von

Gerhard Cordes

MAX NIEMEYER VERLAG / TÜBINGEN 1963

INHALT

Printed in Germany. Satz und Druck: H. Laupp jr, Tübingen

EINLEITUNG

Die neue Ausgabe des „Köker“ tritt bewußt und planmäßig neben die verdienstvolle ältere von C. Borchling und W. Seelmann im Niederdeutschen Jahrbuch 42 (1916), 71–125. Sie möchte vor allem zu formalen, literarhistorischen und volkskundlichen Fragen anregen, während die Ausgabe von BS auch weiterhin zu sprachlichen Untersuchungen herangezogen werden muß. Was in der vorliegenden angestrebt wird, ist eine kritische Ausgabe im alten Lachmannschen Sinne, so weit sich eine solche für das „klassische“ Mittelniederdeutsch durchführen läßt. So wurde der schon von BS weitgehend dem Mnd. wieder angepaßte Text darüber hinaus „normalisiert“, und zwar im Sinne der in Braunschweiger wie in Lübecker Handschriften und Drucken gebräuchlichen Form, der auch Orthographie, Lautdarstellung und Flexion der original überlieferten Werke Hermann Botes im ganzen folgen. Als Vorlage besteht nur der von Friedrich August Hackmann besorgte Abdruck: „Reinke de Vos mit dem Koker“, Wolfenbüttel 1711. Der Herausgeber gehört zu der Gruppe, die im Anschluß an die mnd. Quellen eine Wiederbelebung der plattdeutschen Schriftsprache im 18. Jh. erhoffte, wie C. Abel, später J. H. Voß, Chr. H. Wolke, K. A. Scheller u. a., hat aber auch zahlreiche mundartliche Eigentümlichkeiten der Braunschweiger Mundart seiner Zeit in den Text gebracht, die schon bei BS weitgehend ausgemerzt sind.

Als Verfasser des anonym überlieferten Werkes hatte schon Chr. Walther den Braunschweiger Zolleinnehmer Hermann Bote vermutet (Nd. Jb. 19, 1893, 79; Nd. Kbl. 22, 1901, 91). Nach den Untersuchungen von Jürgen Schneider, Die Verfasserfrage der mittelniederdeutschen Spruchdichtung: De Koker (Diss. Göttingen 1938), kann an der Verfasserschaft kaum noch ein Zweifel bestehen. Bote ist – wohl in den fünfziger oder sechziger Jahren des 15. Jh. – in Braunschweig als Sohn eines Schmiedemeisters und Ratsmitgliedes geboren. 1488 wird er als Zolleinnehmer *(tollenschriver)* der Stadt genannt, erhält in diesem Jahre einen Hausarrest wegen angeblicher Verspottung der Gildenherrschaft in einem Liede, wird dann mit seinem Vater aus der Gilde ausgeschlossen und seines Amtes entsetzt. Etwa 1490–93 war er niederer Landrichter (*hogreve,* Amtsvogt) in der Landschaft „Papenteich" nördlich Braunschweig, 1494–96 Verwalter des Braunschweiger Altstadt-Ratskellers, 1497 wurde er wieder in sein Amt als Zolleinnehmer eingesetzt, das er bis 1513 verwaltete; 1503 legte er ein Zollregister der Stadt an, das im Braunschweiger Archiv erhalten ist. 1513 verlor er bei einem schweren Aufstande beinahe das Leben, 1516–20 ist er als Verwalter einer städtischen Ziegelei nachzuweisen. Im Sommer 1520 wird er gestorben sein. Über ihn vgl. Schneider a.a.O. 27 ff.; Cordes in: „Deutsche Philologie im Aufriß" II, 1. Aufl. (1954) Sp. 413, 2. Aufl. (1960) Sp. 2511 und in: Festschrift für Ludwig Wolff (1962) S. 287 ff. mit weiterer Literatur. Der „Köker" muß gegen 1520 verfaßt sein; ob Hackmann eine Handschrift oder ein alter Druck vorgelegen hat, ist ungewiß. Als frühere Werke Hermann Botes sind bisher nachgewiesen:

1. *Dat boek van veleme rade.* Druck [Lübeck um 1493], Borchling-Claussen Nr. 233. Das einzige bekannte Exemplar (Fürstl. Bibl. in Wernigerode) ist nicht erreichbar und wahrscheinlich verloren. Abdruck: H. Brandes, Nd. Jb. 16 (1890), 8 ff. Eine 2. Auflage, Lübeck 1509, ist nur durch die Beschreibung bei Joh. Henr. von Seelen, Nachricht von dem Ursprung und Fortgang der Buchdruckerey in ... Lübeck (Lübeck 1740), S. 176 ff., bekannt geworden (Borchling-Claussen Nr. 444); eine Überarbeitung durch Jacob Scraz in Hildesheim: K. Euling, Nd. Jb. 25 (1899), 121 ff.

2. Weltchronik, Braunschweiger [früher: Halberstädter] Handschrift. [Geschrieben 1493/1502.] Originalhandschrift. Zuerst im Besitz der Familie Hetling, dann Heine in Halberstadt, später von Herrn und Frau Prof. Dr. Schulz-Schaeffer in Marburg, jetzt in der Stadtbibl. Braunschweig. Auszugsweiser Abdruck: Caspar Abel, Sammlung etlicher noch nicht gedruckten alten Chronicken (Braunschweig 1732), S. 27 ff. Vgl. C. Schaer, Conrad Botes Niedersächsische Bilderchronik (Hannover 1880), S. 12 ff.; Hänselmann, Chron. d. dt. St. 16, 563 ff.; Cordes, Nd. Jb. 60/61 (1935), 50; ders., Braunschw. Jb. 33 (1952), 75 ff.

3. Weltchronik, Hannoversche Handschrift. [Geschrieben 1502/04–1518.] Originalhandschrift. Früher im Besitz von Prof. Heinrich Meibom d. Ä. in Helmstedt, jetzt Landesbibl. Hannover, XI 669. Bodemann, Die Handschriften der Bibliothek zu Hannover (1867), S. 114 f.; Borchling, I. Reisebericht S. 209 ff.; ders., Nd. Jb. 28 (1902) 25 ff.; Cordes (s. oben unter 2).

4. *Dat schichtboick.* [Geschrieben 1510/13–1514.] Originalhandschrift Herzog August-Bibliothek Wolfenbüttel, 120 Extravag. Vgl. Hänselmann, Chr. d. dt. St. 16, 269 ff.; Borchling, III. Reisebericht S. 125 f.; Schneider S. 27.

5. Lieder: *De katte und de hund.* [Verfaßt 1488. Verfasserschaft Botes nicht gesichert.] Überliefert in 7 hd. Chronik-Hss. des 16. Jh. in Wolfenbüttel und Braunschweig, danach bei R. von Liliencron, Die historischen Volkslieder der Deutschen II Nr. 164. Nachdruck mit vielen Fehlern bei Ursula Thym, Herzog Heinrich von Braunschweig-Wolfenbüttel im historischen Lied seiner Zeit (Diss. Greifswald 1933), XI ff. Die ersten 14 Zeilen auch in der Hs. des Schichtbuchs von einer Hand des späteren 16. Jh. nachgetragen (Bl. 96v). Vgl. Schneider S. 28 f. – *Nu höret und market.* [Verfaßt 1519.] Überliefert in 2 Hss. (einer nd., einer hd.), deren Verbleib unbekannt. Abdruck bei H. Lüntzel, Die Hildesheimer Stiftsfehde (Hildesheim 1846), S. 201 ff., danach bei Liliencron III Nr. 327, schlecht nachgedruckt bei Thym a.a.O. S. I ff. Vgl. Schneider S. 28 f. – *Fründe market jung und old.* [Verfaßt 1519.] Überliefert in 5 der obigen Wolfenbütteler und Braun-

schweiger Chronik-Hss., danach bei Liliencron III Nr. 329, danach fehlerhaft bei Thym a.a.O. S. Vff. Vgl. Chr. Walther und A. Lasch, Nd. Kbl. 39 (1924), 53; Schneider S. 30.

Der Text wurde nach folgenden Grundsätzen hergestellt: 1. Die eindeutig nicht auf die mnd. Vorlage zurückgehenden jüngeren Formen Hackmanns wurden, wie dies schon größtenteils bei BS geschehen war, geändert, ohne daß dies in den Fußnoten vermerkt ist: das Dehnungs-*h* wurde fortgelassen; an Zeichen wurden wieder eingesetzt *e* statt *ä*, *-ch* statt *-g*, *s-* statt *sch-* vor Konsonant, *ô* statt *au* für $\hat{o}_1$, $\mathring{\hat{o}}$ statt *eu* (auch statt des *oy* bei BS) für $\mathring{\hat{o}}_1$; an Formen *-inge* statt *-unge*, *dâr(-)* statt *da(-)*, *men* statt *man*, *van* statt *von*; mit Rücksicht auf die mnd. normale Schreibung wurde auch die Zeichenverbindung *-uw-* überall hergestellt, also *w* eingefügt bei *gruet* 2, *mauet* 36, *truen* 170, *hau* 511, *fraude: beschauede* 1062f., *truen* 1066, *tau* 1112, *hauen* 1359, *mauen* 1444, *tau: hau* 1607f., *schuet* 1918, *kauet: klauet* 2246f., *u* eingefügt bei *haw: draw* 1506f., *how* 2203. — 2. Die mnd. Orthographie wurde in folgenden Fällen ohne Angabe in den Fußnoten ausgeglichen: bei Doppelkonsonantenzeichen *ff*, *ss* in *f*, *s* (so weit keine lautliche Bedeutung bestand, s. u. 4), *g* statt *gh*, *t* statt *th*; im Auslaut wird einheitlich *-t* für jeden dentalen Verschlußlaut gesetzt, Verdoppelung des auslautenden Vokalzeichens erfolgt (nach den Grundsätzen des Mnd. Handwb.) bei *-ck* in Anlehnung an den Inlaut, ferner bei *-ll* (außer *wil* und *schal*), ausl. *-ng* erscheint einheitlich als *-ng*, wenn das folgende Wort mit Vokal, als *-nc*, wenn es mit Konsonant anlautet (Hackmann im bunten Wechsel *-nk*, *-nck*, *-ng* usw.); bei *nimpt*, *kümpt* ist das *-p-* einheitlich eingefügt; *z-* einheitlich auch statt *s-* in Lehnwörtern; *sch* statt *sch*, *sc*, *sk*, auch bei *schr-*; auf Dehnungs-*e* wurde überall verzichtet; der bunte *i*/*y*-Wechsel wurde zugunsten des *i* ausgeglichen, auch in *io* statt *yo*, *jenne* steht statt *yenne*, *genne*; die *ê*-Laute wurden (in leichter Abwandlung der Grundsätze des Mnd. Handwb., aber nach Boteschem Prinzip) geteilt in das Zeichen *ê* für $\hat{e}_1$ (= Umlauts-*ê*) und $\hat{e}_4$ (< *io* usw.), aber *ey* für $\hat{e}_2$ und $\hat{e}_3$ (< germ. *ai*) sowie den alten Diphthong *ei* (Mnd. Handwb.: $\hat{e}^i$ – *êi* – *ey*); der

Einheitlichkeit halber wurde der oft von Bote geübte Gebrauch, in offener Silbe statt des *ey* nur *e* zu verwenden, beiseite gelassen[1]; Präfix *vor-* steht einheitlich, auch wo Hackmann *ver-* hat; *unde,* das bei Hackmann überwiegend als *un* erscheint, wurde durchgeführt. — 3. Folgende Doppelformen blieben wie bei Hackmann bestehen: *v/f, -lik/-lich, -ar-/-er-, umb/umme, men/me* (doch nicht *man,* s. o. 2), *wor-/wur-, mannich/mennich,* Adv. *vaste/veste, hat/heft, sin/ sint,* bei Dat./Akk. *dem/den* und entsprechende Adj.-Formen; die bis V. 450 reichenden vereinzelten *eme* neben sonst *ome (ôme)* und *er* 846 wurden belassen, ebenso trotz des Reimes 830f. die *naber*-Formen neben einmaligem *navers* 907. — 4. Die alten Langvokale wurden wie üblich durch ^ bezeichnet, bei den Kurzwörtern *de, we, se, to* nur in besonders betonter Stellung. Auf weitere Längenzeichen wurde verzichtet, doch sei daran erinnert, daß nicht nur die Tonvokale in offener Silbe, sondern auch vor *r* (bes. in einsilbigen Wörtern), *r* + stimmh. Dental, *l* und z. T. *ld* mit Dehnung gelesen werden müssen. Das doppelte Konsonantenzeichen *(tt, dd, gg, ss, mm, nn, ll)* ist beibehalten, wenn der vorhergehende tongedehnte Vokal sekundär gekürzt wurde.

Die Anmerkungen enthalten neben den notwendigen textkritischen Hinweisen vor allem ein Verzeichnis aller Stellen, an denen das Sprichwort oder ein darin ausgesprochener Gedanke in den älteren Sammlungen erscheint. Die zeitliche Grenze ist etwa bei Sebastian Franck gezogen, doch ist gelegentlich darüber hinausgegangen. Regelmäßige Hinweise auf Wanders Sammlung erschienen dagegen nicht erforderlich, obwohl sie über Damköhlers und Schneiders Verzeichnisse hinaus erheblich hätten erweitert werden können; auch die an sich sehr interessanten Hinweise Damköhlers auf das Bremisch-niedersächsische Wörter-

[1] Unbeschadet natürlich des sog. „ostfäl. Silbengesetzes" (vgl. zusammenfassend J. Scharnhorst, Untersuchungen zum Lautstand der Schriften Nicolaus Gryses, 1961, S. 65f.), sondern aus rein praktischen Gründen.

buch erübrigten sich. Es kam zunächst nur darauf an, das in Botes und der nächstfolgenden Generation aufgezeichnete Sprichwortgut zu konfrontieren, und dabei ist möglichste Vollständigkeit angestrebt[2]. Wo das Sprichwort in den „Proverbia Communia“ erscheint, genügte selbstverständlich ein Hinweis auf Jentes Kommentar. Für die mhd. und mnld., erst recht die franz. und lat. Literatur wird man über Zingerle, Seiler und Singer hinaus Vollständigkeit hoffentlich noch nicht erwarten; gerade dazu soll der Übungstext ja u. a. anregen. Notwendig erschien es außerdem, in das bunte Durcheinander des Werkes Wege zu bahnen, indem an vielen Stellen auf Verse mit gleichen oder ähnlichen Gedanken verwiesen wurde. Einige Hinweise zum Stil sollen zu weiteren Untersuchungen anregen.

Das Glossar ist vor allem als Hilfe bei der Lektüre gedacht, es nimmt besonders Rücksicht auf den süddeutschen Leser. Deshalb ist grundsätzlich nur eine treffende Bedeutung angegeben; wird das Wort im Text syntaktisch abweichend verwendet (z. B. reflexiv), steht zuerst auch die Grundbedeutung. Zeigt der Text eine Sonderschreibung, ist die normale Schreibung in Klammern zugesetzt. Die Zahlen sind die Verszahlen. Erscheint ein Wort an mehreren Stellen in unterschiedlicher Bedeutung, sind diese Bedeutungen in der Reihenfolge der Stellen mit 1.–2. aufgeführt; handelt es sich jedoch um bewußte Anwendung der doppelten Bedeutung, sind beide durch a) – b) gekennzeichnet. Bei unsicheren Übersetzungen und mehrfachen Möglichkeiten sind die Namen der Urheber in eckigen Klammern hinzugefügt.

Abkürzungen in den Anmerkungen:

Agricola = Dre hundert Gemener Sprickwörde ... dorch D. Johannem Agricolam ... uthgelecht. Magdeburg [1528]. (Borchling-Claussen Nr. 971.)

---

[2] Eine Auswertung dieses Materials soll später an anderer Stelle durch die in der Wolff-Festschr. S. 318 Anm. 87 angekündigte Arbeit erfolgen.

A. Risse = Anna Risse, Sprichwörter und Redensarten bei Thomas Murner: Zs.f.d.dt.Unt. 31 (1917), 215; 289; 359; 450.

Bebel = Heinrich Bebels Proverbia Germanica, ed W.H.D. Suringar. Leiden 1879.

Braunschw. Jb. = Braunschweigisches Jahrbuch.

Chron. d. dt. St. = Chroniken der deutschen Städte.

Damköhler 54 = Eduard Damköhler, Entstehung des Kokers: Nd. Jb. 54 (1928), 24 ff.

Damköhler 63 = ders., Zum Koker: Nd. Jb. 63/64 (1938), 187 ff.

Eberth = H.H. Eberth, Die Sprichwörter in Sebastian Brants Narrenschiff. Deutsches Werden Heft 3. Greifswald 1833.

Eichwald = Karl Eichwald, Niederdeutsche Sprichwörter und Redensarten. Leipzig 1860.

Franck = Sebastian Franck, Sprichwörter. 2 Teile. Frankfurt 1541.

Hans Sachs = Hans Sachs, Werke. 25 Bde. Tübingen (Stuttg. Lit. Ver.). Herangezogen ist: C.H. Handschin, Das Sprichwort bei Hans Sachs. Madison 1904.

Jente = Proverbia Communia. Ed. with Commentary by Richard Jente. Bloomington [1947].

Klapper = Josef Klapper, Die Sprichwörter der Freidank-Predigten. Wort und Brauch 16. Breslau 1927.

Luther = Luthers Sprichwörtersammlung. Hrsg. von Ernst Thiele, Weimar 1900.

Mnd. Handwb. = A. Lasch und C. Borchling, Mittelniederdeutsches Handwörterbuch. Fortgef. von G. Cordes, Neumünster 1928 ff.

Nd. Jb. = Jahrbuch des Vereins für niederdeutsche Sprachforschung. (Niederdeutsches Jahrbuch.)

Nd. Kbl. = Korrespondenzblatt des Vereins für niederdeutsche Sprachforschung.

Prov. Comm. = Die „Proverbia Communia" mittelniederdeutsch. Hrsg. von H. Jellinghaus. Progr. Kiel 1880.

Reimb. = Niederdeutsches Reimbüchlein. Hrsg. von W. Seelmann. Nd. Drucke II. Norden und Leipzig 1885.

Schneider = Jürgen Schneider, Die Verfasserfrage der mittelniederdeutschen Spruchdichtung: De Koker. Diss. Göttingen 1938.

Schröder 43/44 = C. Schröder, Hundert niederdeutsche Sprichwörter: Herrigs Archiv 43 (1868), 411 ff.; 44 (1869), 337 ff.

Schulze = C. Schulze, Die biblischen Sprichwörter der deutschen Sprache. Göttingen 1860.

Seiler = Fr. Seiler, Deutsche Sprichwörterkunde. Handb. d. dt. Unterrichts IV 3. München 1922.

Singer = S. Singer, Sprichwörter des Mittelalters. I–III. Bern 1944–1947.

Tappius = E. Tappius, Germanicorum Adagiorum ... centuriae septem. Straßburg 1539.

Tunnicius = Die älteste niederdeutsche Sprichwörtersammlung von Antonius Tunnicius. Hrsg. von Hoffmann von Fallersleben. Berlin 1870.

Wander = K. F. W. Wander, Deutsches Sprichwörter-Lexikon. 5 Bde. Leipzig 1867–1880.

Wolff-Festschr. = Festschrift für Ludwig Wolff zum 70. Geburtstag. Hrsg. von Werner Schröder. Neumünster 1962.

Zimm. Chron. = Zimmersche Kronik. Hrsg. von K. A. Barack. Freiburg 1881–82.

Zingerle = Ignaz V. Zingerle, Die deutschen Sprichwörter im Mittelalter. Wien 1864.

In den Fußnoten:

B = Borchling. L = Lübben. S = Seelmann. W = Walther.

TEXT

Eyne vörrede över den Köker.

I.

Drôchwerlde, wê kan genesen?
Mî grûwet vör dînem wesen.
Dû hast an dik starke plage,
de den minschen pînigen alle dage,
alse lucht, erde, water unde fûr,
de drîvet uns to grôt eventûr,
De eyne küldet, de ander hittet,
de dridde vorrottet, de vêrde besmittet,
dârvan werde wî gewunt,
krankedage, sêk unde ungesunt,
dat wî an gûde, an lîve vordarven,
tolesten dâranne ganz vorstarven.

II.

Dûre tît maket hat unde nît,
âne hunger wert me des nicht quît,
vele vordrêtes dat me dârvan kricht.
De eyne hat wat, de ander nicht;
De nicht enhat, de hatet,
De wat hat, deme batet;

---

15 vordretes *BS]* vordret

dem dat batet, de heft sik geprövet,
de dâr hatet, de is bedrôvet.

III.

Örlege unde krîch dat is eyn wrîch;
nim man hen unde swîch!
De eyne kricht düt, de ander dat,
de wat kricht de hat wat.
Gûde fründe de werden gekret,
nakede bôven de maket men vet,
dem armen wert dat sîne genomen,
anders plecht van der feyde nicht to komen.

IV.

Pestilencie is eyn bitter krût,
de jaget mennigen tom hûse ût
unde let eynen andern dârinne râden;
it bringet bate, it deyt ôk schaden.
Eyn islik sîn beste dârût prövet;
süs wert mennich bedrôvet
unde mennich de wert gefrauwet,
de dâr mûset unde nicht mauwet.
Dem eynen starvet af, dem andern tô,
de eyne halet dat gût des morgens frô,
de ander halet dat des âvendes wedder;
süs geyt de werlde up unde nedder.

V.

Düsses in der werlde vele schût,
dâr me stilliken dorch de lande mede tût,
van ichteswelken klôken helden.

---

21 Orlege *W*] Ordele
25 werden *BS*] weren
26 boven *BS*] bonen
32 bathe *BS*] bath
37 andern *BS*] ander
39 avendes *BS*] avens
43 ichteswelken *BS*] ichtes welker

Wê wil dârgegen strâfen efte schelden
alle dat eme hîrinne wedderfart?
Wil nû eyn dem andern in den bart
warpen efte schêten eyne klîven,
den spît mit speyheyt vordrîven,
deme kümpt düsse köker wol even;
dâr mach hê de pîle ût heven,
de dâr gût sîn to sînem bogen.
Is hê öme nicht stram getogen,
sô schête hê af, wen it eme behaget.
We eme hîrboven wôrum frâget
umme wort, de hê eme schal berichten,
sô mach hê düssen köker uplichten
unde sôken dâr de besten pîle ût,
welke de eme dârtô dünket gût,
unde schête af sô de schütte deyt.
In welken wech de pîl geyt,
is hê nicht to antworden vorplicht,
hê drepe wat edder hê drepe nicht.
Nêmande düt to hône schût,
sünder deme, de sik dat to hône tût.
Edder ift sik dat alsô vorlêpe,
dat düsse pîle io wene drepe
unde wêre an den worden schüldich,
de schal sîn al dârtô düldich
unde dat nicht sô balde to beyne binden,
sunder eynen spot dâr entjegen vinden,
unde têe den pîl ût der stidde
unde drepe eynen andern dâr ôk midde.

Arbeyden eyn dinc mit haste,
olde schôe gebunden mit baste,

---

44 efte *BS*]efde
48 spît]spyet
64 Sunder *BS*]Sönder
65 Edder]Oder
73 Arbeyden *WBS*]Arbeyde

dat wart selden wol gemaket.
We eyn rô ey in dat fûr raket,
de möt vorstân, dat it barste.
Olt weyte unde vorlegen garste
dâr wart nümmer ût gût nîe molt.
Lange winter strenge unde kolt
dat kostet vel holtes intohitten.
De kreyen, de up den bômen sitten,
de beschîten den klocktorn nicht.
We in eynem dûsteren keller licht,
de kan nicht wetten wan dat daget.
Welk eynen andern jaget,
weynich de sik sülven rauwet.
De rô fleysch lange kauwet,
deme dôt wê sîne kennebacken.
Mit eyner hölten hoppenhacken
dâr kan men neyne steyne mede breken.
De stêde unde altô vele wil spreken,
de secht gar selden wâr.
De dâr olt is boven de achtentich jâr,
de heft sîne kinderschô wol vorsletten.
Eyn olt sack ganz sêre toretten
de kan nicht lange water holden.
De âne êre nû wil vorolden,
de mach âne êre ôk leven.
De dâr altô vele wil vorgeven,
de gript up dat leste to grunde.
Dat is nicht in eynem bunde,
dat noch wîde wart vorstrauwet.
De sê unde dat mer is wol gestauwet,
wente selden werden de beyden drôge.
We dâr mit der ûlen ûtflöge,

---

82 den *BS*]dem
83 klocktorn *BS*]klocktorm
89 dot *BS*]deyt

de schölde des nachtes vele vorspeyen.
Wat is de haver gût to seyen,
wan dâr sîn de stillen weder!
Eynem dêve unde dem vorrêder
wart vaken de munt tôgebunden.
Mit katten unde mit hunden
wart selden wol geplôget.
Dâr secht mannich, öme genôget,
hê hedde dennoch gerne mêre.
Mit eynes anderen sêre
sût me selden wene hinken.
De vaken unde vele will drinken,
de möt vaken netten den tûn.
De dâr vedderen dregen unde dûn,
dat sîn nicht alle mîne gôse.
De stêde unde alle dage eten môse,
de werden des fleysches nicht gevrauwet.
Eyn, den de swâre last benauwet,
de söcht sîne vründe, dâr se wonet.
Weme stêdes sîn bûdel donet,
de is allerwegen wol wilkomen.
Dat deyt ôk nümmer neynen fromen,
dat alletît schaden bringet.
We flîtigen wôrnâ ringet,
de kricht des wol eyn grôt stücke.
Nîe fünde unde olde nücke
de rôget vaken den heymeliken hat.
Dâr hölt mennich stîve sînen stât,
de doch den hölt över macht.
De lûde, dâr men meyst van sacht,
dat sîn de eddelen olden slechte.
We eyn bôse wîf kricht to echte,

---

128 nümmer/nymmer
132 fünde *BS*/fründe
135 over *BS*/ower
137 eddelen/edlen

de darf sînes nâbers leyt nicht klagen.
Wan de taphole werden tôgeslagen,
sô drinket me wol boven ût dem swicke.
Nunnen gâven unde mönneke micke
dê gâve sint tomâlen ringe.
Vör dem kerkhove up dem slinge
dâr möten sik de lûde vaken scheyden.
Wê kan deme sînen wech vorbêden,
de dâr wil pellegrimâtie gân?
Vele brûtlechte unde vadderstân
vörwâr dat vorspildet vele geldes.
Eyn schône acker des gûden veldes
heft de bûrman ganz lêf.
Wê weyt wûr de olde snê bleyf,
de dâr fell över de dûsent jâren?
De dâr bûten is unvorfaren,
de is dârbinnen der rede eyn kint.
Och wat de maget övel spint,
de bî dem wocken sit unde slept!
Dê hat sik tomâlen övel rept,
de dâr mit schanden wart flüchtich.
Wô eyn man is hövesch unde tüchtich,
dâr is hê io rechte wol to lîden.
We mit den brömsen wil strîden,
dem wart de kop wol drâden wrîge.
Lange wege unde hôge stîge
de sîn dem older ganz trâch.
Dêjenne de in den wege lach,
de konde dô nicht vörder wanken.
Mit tûnen unde hölten blanken
we dârmede sik wil bemûren,
de möt dat trûwen eventûren,
dat se öme de veste nicht anfûren.

142 micke *BS*/nücke
151 burman *BS*/Burmam
153 de dusent/dusent *BS*
156 maget *BS*/magdt

Bladderen unde grôte sweren
der könde alle man wol entberen
wol komen se vaken unvorbodet.
Vele lûde in der erde rodet,
dâr se süs neyne gülden sôken.
Van eyner schîr klüftigen bôken
dârvan werden gûde radevelge.
Mannich heft grôte blâsebelge
unde pûstet dat fûr mit dem munde.
De dâr weget mit dem punde,
de heft des cintners neyn bedarf.
Wat me köft vör eynen scharf,
dat is neyner mark gewert.
We sîn hûs övel decket unde spert,
de heft alletît eyn drüppende dak.
Wat is doch grôter ungemak
den eyn wîf, der de âtem stinket?
Eyn man, de in velen wegen hinket,
deme vordrüt vele wege to gânde.
Wat eyn vordênen kan mit stânde,
dâr behôvet hê des sittens nicht tô.
Sô kleyn is nümmer eyn holtschô,
hê kan dragen beyde lîf unde sêle.
Dat is noch wer half efte heyle,
de den schûm drinket ût dem potte.
Dat is ôk wer melk efte hotte,
dat me van der waddeken schûmet.
Eyn man de wart sêre vorsûmet,
de dâr kricht eynes kargen mannes gâve.
Wêre eynem perde eyn vôt ave,
sô möste dat gân up drên beynen.
Wê kan twên hêren tolîke dênen,

---

186 drüppende dak] drüppendack
188 atem *BS*] aten
193 holtschoe *BS*] hol schoe

dê knecht is noch nicht vormêdet.
Wes eyn lant is gescheydet,
dâr is de schande neyne unêre.
Dê olden lûden gevet gûde lêre,
de möget vörwâr wesen recht.
De dâr brennen könde eyn êwich lecht,
de behôvede wer was noch talch.
Eyn grôt unbehende blâsebalch
is dem kleynen pûster överpaget.
We över twê lîke börden draget,
dâr wart de dracht to ende brocht.
We in den hûse alle winkel besöcht,
de vint broken pötte unde olde schô.
Dat is noch velen lûden altô vrô,
wen se to mitnacht to bedde gân.
Mennich tût eynen toretten rock an,
unde is sîn beste gesmücke.
Ovenstaken unde beckerkrücke
de stân gerne in den backhûse.
Eyn de rêp: Me lange uns dat ûse!
unde heft eyn strôhalm to bêr leyt.
Eyn de dâr up smalen stege geyt,
de möt stân sîn eygen eventûr.
Alle ding is den armen stêdes to dûr,
sô wolfeyl is dat nicht an dem kôpe.
Me sleyt wol eyn dinc veste tohôpe,
to lenge is dat io vorgenclich.
Dâr deyt mennich wat ganz denklich,
dat mit danken nicht wart belônet.
In dem hûse, dâr malk inne wonet,
dâr is it gût mit vingern to wenken.
Mannigen danken mach hê denken,
de dâr sit in eynem kelre.

---

224 eyn! 227 alledyng *BS*] alle dynge

De schöttelbrôt up dem telre
dat sîn des frîdages mager portêken.
Dat is altomâlen ôk neyn eyken
de gûden râde, de de lûde seggen.
We sik up schalkes sîde will leggen,
deme möt me dat leger dârnâ maken.
Weme sêre begünt to traken,
de darf neyne wilde swîne slân.
De vele wil in den dûstern gân,
de stöt sik vaken an de schenen.
Me sût mennigen ôk wol weynen,
dem doch de ôgen süs nicht entrânet.
Mannich wart wôrmede bewânet,
de doch des unschüldich enwart.
Wôr gôkelspel up der strâten vart,
dâr is starke bî Hans van Jenen.
Mit voreggeden edder ûteschen tenen
wart selden wol gegetten.
De dâr ôk altô vele wil wetten,
de vortwîvelt in sik aldermeyst.
We den vögelen stelt unde kreyst,
de vanget der io mêr alsô nicht.
Dat is twâr neyne gûde bicht,
de dâr dem dôven in dat ôr rûnet.
Wôr me dâr nû pîpet unde basûnet,
dâr mach me van rechte wol danzen.
Up der vrûwen langen swanzen
plecht de dûvel gerne to draven.
Heft de möle drôge graven,
sô stân in der mölen leddige rümpe.
Grôte water unde dêpe sümpe
de beholden dat natte alle tît.

---

240 de guden rade *BS*/Den guden rad

253 edder *Woeste*/wedder

264 gerne/gern

Wôr ôk de stegel is stêdes sît,
dâr blift nêmant vör bestân,
dâr wil alleman över gân
mit veler tredding unde lôpen vördan.

Clauwen, schörven unde jücken
dâr möt sik eyn sülven nâ bücken,
schal hê sik to degen schrapen.
De dâr up harden benken slâpen,
de drücket wer veddern edder strô.
De wülve eten de gôse stêdes rô,
örer neyn geyt dârumme tom arsten.
Dâr boven in dem varsten
dâr nestet mûse unde sperlinc.
Ik sach nû eynen wörpel efte terlinc,
dat hê de besten ôgen hadde.
Eyn snigge unde eyn schiltpadde
de beyden hebben ungelîke woninge.
Dat is vörwâr eyn bôse belôninge,
de vör dat gûde eyn quât hat kregen.
Dat is mannigen wat entgegen,
unde lîkewol dat to deyle kricht.
De boven up den wedderhanen sticht,
de is sô hôch, alse hê komen kan.
Dat is neyn köstlich homan,
de dâr rit unde rent up dem stocke.
Bleckern spangen unde eyne îsern klocke
de dênet nicht wol up den test.
Eyn vûl ey vordarvet eyn ganz nest
unde blift dârumb ût deme neste nicht.
Wat eyn man vör eyne wonheyt kricht,
dat is sîner natûr nicht entjegen.

---

277 De *BS*]Den
279 dârumme]darum
295 test *WBS*]rest

Dem bôme is noch gût tônegen,
dâr me den schade van entvanget.
Weme nâ dobbelspele stêdes vorlanget,
de heft den wörpel vör eynen karnûten.
Eyn de dâr alle slote könde upslûten,
de möste hebben eynen selsen slöttel.
Dûvendreck unde zegenköttel
smecket selden wol nâ eyner brâden.
We sik nicht wil lâten râden,
gar dôrliken hê dicke deyt.
We tor vespertît êrsten upsteyt,
de heft nicht geslâpen den ganzen dach.
We dâr mêr dôn will wen hê vormach,
de möt sik schaden erwegen.
De nêmant will gûdes vordregen,
de levet selden âne kîf.
Eyn from êrbâr schône wîf
kan neyn gût noch gelt vorgelden.
Eyn bôse wîf, dat alletît wil schelden,
wê könde der wesen rechte holt?
Mannich is ûtermâten stolt,
unde is dênen beter, wô hê gebêrt.
Eyn jeder man dat vaken begert,
dat öme doch süs nicht enwart.
Eyne kô is nümmermêr sô swart,
de gift io alletît witte melk.
Dêjenne, de stelet eynen kelk,
de stöle ôk wol eyne apullen.
Boven dem borne in der strullen
dâr lôpet neyne drê ammer up unde dal.
Dê prîset unde lovet nicht den grâl,

---

300 noch] voch WBS, *doch vgl. Anm.*
301 me *BS*] he schade!
321 is!] is eme *BS*

de in sînen vrîen willen mach leven.
Mennich de kan wol gûden rât geven,
de sik sülvest nicht to râdende weyt.
Neyn ding is so lang unde breyt,
me kan deme eyn ende afgân.
Wô kan unde mach dat êwich bestân,
dat alle dage wart vorwandelt?
Dat mit solte wol wart vorhandelt,
dat besitten selden de maden.
De dâr mit wülfen is vorladen,
de möt mit öne âne twîvel hûlen.
Vaken sîn grôte stanke in eyner kûlen,
unde bûten kan me des nicht rûken.
Eyn de dâr wil grôte betten slûken,
de möt de stroten wîde nôch rûmen.
We sik sülvest wil vorsûmen,
de kümpt des sülven to achter.
Alle dinc dat wart wol sachter,
wô sêre dat it prûstet unde blest.
Wat oldinges eyne gûde wîse is gewest,
dat dünket nû den jungen övel lâten.
Wat wuste dê van den îsern platen,
de de jacken êrsten bedachte?
De des âvendes holden de wachte,
de dôt mêr den öne is bevolen.
Rôsen, zittelôsen unde viôlen
de sint ût dem kôlstocke nicht gesproten.
Eyn de is unardich unde vordroten,
wol is öne nicht misgelungen.
Mit eyner grôten wagenrungen
wert eyne harpe nicht wol geslagen.
De is drâden to marken in sînen sagen,

---

331 in *BS*] in in
348 Alle dinc *wie 227*
362 draden *LBS*] traden

de bî sînen worden nicht enblift.
De essel unde dê öne drift,
de denket beyde nicht övereyn.
Eyn hôn is nümmermêr sô kleyn,
dat is io grötter den eyn kûken.
In grôten langen swâren sûken
is tolesten de bitter dôt.
Mennich ding is wol sô grôt,
dat me in der wageschale nicht kan wegen.
Selden kümpt sôdân scharp regen,
dat hê des minschen blôt kôlet.
Alle dat de sû rodet unde ummewôlet,
dat möten öre varken entgelden;
unde dat kümpt vaken unde nicht selden,
dat sik sôdâne dinge sülvest melden.

Danken de sîn tollenfrî,
dat mark ik unde pröve hîrbî,
se gân verne in eynem ôgenblicke.
Wêren alle hölte lîke dicke,
wô könde men denne swöpstöcke krîgen?
Dâr kricht mennich eyne ôrvîgen,
de dâr wol brâtberen vör ête.
Eyn man heft wol gût genête,
de sik behelpen weyt in dem dênste.
Dat is ôk nicht all de kleynste,
de nicht baden kan in eyner büdden.
Men mach de plûmbôme vaste schüdden,
dâr valt neyne weyke kêse van.
We singen wil unde nicht enkan,
deme schal men dreck warpen in de munt.
Mennich is am lîve gesunt,
hê is doch trâch unde vûl.

376 nicht *BS*] nich

Eyn olt vordreven afgeredden gûl
de löpt selden eynen weddelôp.
Hacket strô unde eyn kafhôp
dat is wer slam efte klîe.
Eynes minschen beste arstedîe
is sîn eygen sülvest regimente.
Eyn junker âne gûder unde rente
de is alse eyn vogel âne vitke.
Dat is eyn kort slim kleyne titke,
dâr me nicht mede sôgen kan.
Dat is ôk neyn evendrechtich span
junge böcke unde olde schâpe.
Eyn nöchtern spelman unde drunken pape
de künt nicht gûdes lesen efte pîpen.
Wô könde me dat jümmer scharp slîpen,
dat nicht to snîdende docht?
Dê heft twâr io nicht eten mocht,
de dâr neyn half ey konde bedwingen.
De dâr sêlemissen up den orgelen let singen,
de wil nicht heffen eynen drôveden sanc.
Dâr heft neynen dêpen ûtganc
dat water, dat van dem barge vlüt.
Wat velen lûden vordrüt,
dat is eynem nicht möchlich to holden.
Wô könde dat jümmer ûtkolden,
dat in eynem heyten backoven wêre?
Dâr is nümmer sô kleyne revêre,
dat flüt in eyn grötter water.
Dê wart io lenger io nater,
de nümmer ût dem regen geyt.
We dâr eynen varschen hasen weyt,
de heft den vûlen nicht gestreyft.
Wat me up der erden hersleyft,

---

412 ey *BS*] eye 419 utkolden *BS*] utholden

dat möt jümmer in den drecke slepen.
We mit den zegen wil repen,
de möt vele bôme lêren klemperen.
Mit den grôten ölystemperen
stöt me neyn krûde in dem möser.
Up dem tîe is nêmet bôser
wen blanke spete unde lange meste.
Teye wörtelen unde harde este
de sint nicht gegoten van blîe.
Eyne klucke mit kûken unde eyne wîe
de plôget stêdes ungelîke vare.
We de vele rennet in der schare,
den sût me dicke störten.
We sik sîn levent wolde körten,
de hedde dâr stunde unde tît, wan hê wolde.
Eynen gûden gülden van golde
den sleyt nicht de missingessleger.
Dat is ôk gar eyn bôse jeger,
de sîn wîf jaget mit korden.
Dat is van sik sülvest nicht geworden,
de sik mit eyner holtbarden hauwet.
Vaken eyn dem andern drauwet
unde deyt eme achternâ alle gût.
Nettelen dat is eyn bôse krût
eynen arswisch dârvan to maken.
Sîden want unde scharlaken
de köft de bûr nicht ût den krâmen.
Wê kan deme sînen willen râmen,
deme alle ding is toweddern ?
De vögel van eyner veddern
de flêgen gerne tosammende.
Wan de böcke nû wêren lammende,

---

429 den *BS*] dem
434 Wen *BS*] Un
438 ploget] pleget *WBS*
456 alle ding *wie 227*
458 flêgen] fleget *BS*, flogen
459 weren *BS*] *fehlt*

sô gingen de schâpe gûste.
Vele lûde hebben weyke vûste
unde holden ganz vaste de harden penninge.
We mit de vöresten is in der renninge,
de trit de achtersten nicht up de hacken.
Dat stöt mennigen in den nacken,
dat öme rôret sînes vaders schrull.
Mannich dünket sik wesen dull,
de doch nû neyne wîsheyt kreych.
Eyn överjêrich sûerdeych
wart selden eyn sôte kôkenbrôt.
Dat is ôk nicht alle lîvesnôt,
alle wat de kinder bedrôvet.
We dâr eynen man wôrtô behôvet,
de wervet dat âne vele lûden.
Up ungerden pagenhûden
valt selden eyn hövisch schrîvent.
Dâr is ôk neyn gût blîvent,
dâr me sût unde weyt vorloren.
De dâr van der lêve wert gekoren,
dat schût nicht sünder sake.
Under eynes eygen mans dake
is de rauwe alletît gerne west.
Olde smalt, botter unde vûl gest
dat is den sêken neyne spîse.
Van eynem kleynen rîse
wart vaken wol eyn grôt bôm.
De vele wil rîden âne tôm,
de licht vaken in dem sande.
Kôpenschop de is in manniger hande,
dat sticht unde valt an dem kôpe.

462 pennynge *BS*] pennyng
463 vöresten] vördersten *BS*
rennynge *BS*] rennyng
474 ane *BS*] one
lüden!
482 west *S*] best
487 ryden ane *BS*] ryen one

De wint weyet wol santbarge tohôpe,
sünder nicht twê vette erse.
Wat grüntlinge unde kûlberse?
de smecket nicht sô de grône las.
Wôr oldinges eyne dûre tît was,
dâr was de vitalli ganz korsam.
De man de sînem wîve is gehôrsam,
de deyt alse de osse in den joke.
Vele lûde hebben öre vrîen sproke
unde spreket alle, wat öne behaget.
Dat is io neyne reyne maget,
de dâr neggen kinder heft gesôget.
Deme is ganz övel geôget,
deme de ôgen sîn albeyde ûte.
Eyn perdemûl unde eyne kôsnûte
dat sint twê gûde etelvat.
Müggen, gallen unde spat
vint me bî den gorren geren.
Dat sint nû appel efte beren,
de smecket al nâ ören stammen.
Dat hauw up der grammen
dat maket me mit der hungerharken.
We sik lête mit wasse bewarken,
de schölde bernen sô eyn karse.
Vörwâr dat is ôk neyn swâre parse,
dem eyn mölensteyn falt up dat lîf.
Deme sint sîne beyne ganz stîf,
de de knê kûme kan bôgen.
Me mach de ûtzen vüste drôgen,
se hüppet lîkewol in den pôl.
Planc to maken unde wôl

---

492 nicht *BS*]nickt
493 gründlynghe *BS*] grüntlynche
496 de *BS*]die
korsam *WBS*]krosam
509 Dat *BS*]Dar
518 kne *BS*]kny

dat kan wol eyn slim dûvendop.
Dat is nicht all eyn bischop,
de sik mit eynen stôlküssen let krônen.
De den olden hat wil vorsônen,
de maket den vreden selden to grunde;
se sîn wol fründe mit dem munde,
aver in dem harten is de hat alle stunde.

Eyne schûfkar möt mîden dütte:
grôte dreckkûlen unde dêpe pütte,
edder de kare blift dârinne bestecken.
We könde sik warmer bedecken
alse mit eynen dûnenbedde?
We aller welt gût hedde,
wat hülpe öme dat, wen hê störve?
Mölensecke unde grôte drachkörve
de lüstet allemanne nicht to dragen.
De altevele wil ôk vrâgen,
de wart berôpen efte övel bericht.
We dâr vele toretten plünden kricht,
de heft genôch to lappen unde to prûnen.
We dâr alle felde wolde betûnen,
dâr wolden vele tûngerde tô hôren.
Dat schal mennich wol harde bören,
dat öme süs wol nicht wê deyt.
Jâ ungeeyschet arbeyt
wart selden wol vorgulden.
Dê möt unde kan vele vordulden,
de dâr is in vele grôter schult.
Dê heft dat nicht geleden mit dult,
dem eyn hâren seyl dorch den ars ginc.
Künstige lûde maket künstige dinc,

---

522 duvendop] *dudendop BS* 543 tungerde *WBS*] tungerede

dat den ungelêrden wol feylet.
Wen de dorpmegede umbheylet,
sô singen se nâ ören dône.
We de upnâme heft in dem lône,
de heft des alletît gûden günne.
Wôr de früntschop is dünne,
dâr is de lêve nicht altô annême.
Dâr is mennich stille unde bequême,
dat sik doch öme nicht entemet.
We sik sîner rede nicht enschemet,
de mach spreken wat hê wil.
Dat wedder is ôk nicht altô still,
wen de wedderhane sô karret.
Wen vele dôren tohôpe narret,
sô wert der dôrîe altô vele.
Dat sîn ôk neyne kinderspele,
dâr olde wîve to dem danze gân.
De öre armen fründe vorsmân,
de êren sik sülven altes nicht.
Nû kan wesen tô dicht
eyn olt vorsletten seve.
We dâr eynen leymen ofen kleyne wreve,
de krege wer pepper efte zucker.
De pungers unde de pucker
de tîdet nâ dem bêrkrôge gerne.
Weme sîn lêf wonet altô verne,
ik holde, dat hê dicke trôre.
Uppe eynem swarten torfmôre
greft me selden gûden têgelleyme.
Van honnige unde van seyme
maket me selden gûde vilthôde.
De verne is van sîner heymôde,

---

554 Wen *BS*/We
555 dohne *BS*/tohne
575 pepper *BS*/pöpper
576 püngers/pünger *BS*
580 Uppe *BS*/Upe
583 vylthoyde *BS*/vylzheude

it is to lôvende, dat hê nâ hûs dechte.
It is vaken de hals der knechte
beter wen des hêren krop.
Eyn îdel leddich eydop
is twâr neyn gût stekelhelm.
Eyn upgeweyet stof unde melm
de dôn den ôgen dicke vordrêt.
Up den îse ganz sêre glêt
is quât danzent mit schôpinnen.
De appel boven up der hûstinnen
de is twâr nicht gût to eten.
De alle de mîle wolde meten,
de möt hebben ganz lange rôden.
We ût dem hûse lachet in de bôden,
ik holde, dat sî eyn quât teyken.
De slône unde de krêken
de werden to mitvasten nicht rîpe.
Dat is vörwâr eyne bôse strîpe,
dem de schantlappe in den kleydern sit.
Mennich sik mit prâlen vele vormit
unde is doch men îdel armôt.
Eyne vrûwenkîke unde eyn enge hôt
de sîn in den regen neyn nütte.
Eyn büddenrôf unde eyne vogelhütte
dat sîn neyne gûde blockhûse.
Dâr geyt mennich in dem sûse,
deme sîn bregen in dem koppe slûret.
We dâr mit stove unde drecke mûret,
sô kricht de want eynen bôsen flacken.
Mannich de wil grôte hôpe kacken,
dem de wîde ars wart to enge.
Dat kümpt vaken in eynem gedrenge,
dat eyn bûdel wart afgesnedden.

---

588 eydop *BS*] Ey doep   591 dycke *BS*] dycken

Dem hûswerde is quât to bedden,
men gût is öme to spîsen.
We dâr stêdes wil eynen nîen mânt wîsen,
de möt de stunde unde dage lêren reken.
Lêne to vorlâten unde tene ûttobreken
de beyden dôt lîke sachte.
We up grôten gûde vorsmachte,
den schölde men graven in de sûperâ.
Dâr secht mennich ôk wol jâ
unde meynet dârumb lîkwol neyn.
De kôherde unde de sweyn
de blâset sik sülven ût dem dorpe.
We dâr eyne mîle weges wörpe,
de hadde dat mâl verne hen geleyt.
De eyn hol dorch de schalen dreyt,
sô hölt de bodden kûme bêr.
Vörwâr dat wêre eyn schûslich dêr,
wan eyn naket wîf up den vêren krüpt.
Als de ûtze in den pôl hüpt,
sô stîgen in, de dâr baden wilt.
Wôr neyn gülden noch pennich gilt,
de stidde weyt ik nicht to nômen.
Me kan wol eyn ganz lant vordômen
mit unvörsichtigen dingen,
dâr doch vele lûde nâ ringen
unde ör gût schentliken ummebringen.

Frisch, vrôlich unde wolgemeyt
is deme, de to dem danze geyt,
wô öme neyn unheyl wedderfert.
We êrsten eynen meyneyt swert,

619 öme/by öme *BS*
620 mand *BS*/mond
621 stunde *BS*/stunne
625 den *BS*/de
628 koherde *BS*/ kauher
638 gülden *BS*/gülde
646 öme *BS*/ömen

de achtet de andern eyde ganz ringe.
Wat eyn in eynem dage afginge,
dat wêre des andern dages sô vele körter.
Dat mach wol wesen eyn störter,
de boven dalvalt, dat hê barstet.
Dat brôt, dat me nicht engarstet,
dat smecket gerne nâ den deyge.
Mennigen dem arret eyne flêge,
dâr se men kümpt up der want.
Vele wart begrepen mit der hant,
dat me dârmede wil büchten.
Vele weynen unde vaken süchten
dat maket eyn unfrôlich harte.
De möt lîden vele grôter smarte,
de mit scharpen sûlen wart gepreckelt.
Wen unse werdinne heckelt,
sô sit unse vrouwe in der scheve.
Up eynem olden gropensweve
besit de kôl up dem stülper.
Dat is twâr neyn gût hülper,
de stille steyt unde nergen tôtastet.
Mennich dâr ganz sêre nâ hastet
unde kricht sîn eygen ungelücke.
Dâr kricht mennich eyn kleyn stücke
unde let sik dâranne wol genôgen.
We dâr drinken wil in allen krôgen,
de möt vele geldes vorspilden.
Mit twên mören vorrotten schilden
kan me neyne harde stöte bordêren.
Schal nû io eyn kröppel hovêren,
sô möt hê danzen up der stelten.
Olt îsern vaken umbtosmelten
dâr blift dat meyste in den slaggen.

---

655 Mennygen] Mennych *BS*   676 borderen *WBS*] vorderen

De dâr gân drammen mit langen daggen,
de gân up kîf unde vordrêt.
Dâr is nümmermêr eyn vûr sô heyt,
dat kan ûtlöschen eyn water.
It kümpt vaken, dat de olden kater
dôt bîten de jüngesten katten.
De kleynen mûse unde de grôten ratten
de eten beyde lîke gerne dat speck.
Wôr me dreck sleyt up dreck,
dâr wart des unreynen gôdes mêre.
Van wagensmer unde van tere
dâr wringet me neyn gût honnich ût.
Dat beteykent ôk selden gût,
dâr schalke mit ôgen wenken.
Wen allen öre môde senken,
vorgit me, de heymelike lîden.
Den kinderen is quât mîden
örer olden armen kranken eldern.
Wat is quâder to teldern
alse eyn osse, de bölket unde lecket?
We dâr der hêren wîn besmecket,
de möt heffen eyne hövesche munt.
Wôr de kleyder sîn altô bunt,
dâr sîn vele der polterlappen.
Dê tredet neyne vôtstappen,
de dâr wandert up der rosboren.
Dat is eyn gût vrünt ûterkoren,
de sînen nâber in nôden bekent.
We sîne kôje vör ossen anspent,
de kan unde mach sîne perde melken.
We dâr vorladen is mit schelken,
de mach sîne slippen afsnîden

690 wart/wert *BS*
701 hêren/Hern
704 polter = lappen!/palterlappen *BS*
709 kôje/koye *BS*, käue

unde lôse unde slîte se to tîden
unde lâte se dem hûse ûtglîden.

Grôte löfte unde weynich geven
dat kümpt alleman nicht even;
de dôren werden dârmede gesadet.
We sik mit vromen wîven begadet,
de heft des lof, prîs unde êre.
Weme sîne beyne sîn stêdes sêre,
de is nümmer in gûder pünte.
De dâr heft wer grütte efte münte,
mit deme is gar lichte uppetert.
Wôr is stêdes eyn kolhert,
dâr werden der kolen nicht vele vorglummen.
We dâr reden wil mit eynem stummen,
de hôrt dat sô wol, alse hê dat sût.
We sînen ars to eynem overhêrn tût,
de möt sik hôden, dat hê nicht enverte.
Van eynen krummen sûsterte
wart neyn gût jegerhorne.
Eynes armen mannes torne
is gerne sîn eygen unheyl.
De stêdes is an sînen worden feyl,
de möt lêgen unde drêgen ân allen wân.
Dâr is nümmer sôdâne grône plân,
tom lesten wart dat sôre de meyste deyl.
Dê sîn ôk nicht alle schel,
de dâr wol över de sîden sên.
Eyn pert, dat nicht wil tên,
dat is gerne wansedich unde stêdes.
Eyne metworst nicht lenger sô eynes ledes
dat sîn gar korte stümpel.
Mit eynen bônenpümpel

---

722 grütte *BS*]grütze 737 dat sore de]sor dat *BS*

is nicht gût steynwege midde to stôten.
We sik ôk altô sêre wil vorblôten,
sô kümpt dat wol, dat hê naket geyt.
Dat de hônre ût dem drecke kleyt,
dat sîn selden parlen efte kralen.
We bî dem water wil pâlen,
de möt dichte stôten unde wol dammen.
Wê kan den wint tohôpe sammen?
hê wart altô wîde vorweyt.
De dâr disteln unde îdel radel seyt,
de mach vele unkrûdes meyen.
Wôr sik eyn hûpen katten kleyen,
âne twîvel eyne de andere wol bit.
We den dûvel to bade rit,
demsülven lüstet ôk io wes.
Eyn nîe gefallen kômes
dat is eyn gût sunnenbacken kôke.
Mit eynem unreynen dôke
wart selden wol gedrôget.
De den olden ummôt uprôget,
de heft to dem nîen kîve lêve.
Dâr geyt mennich ganz schêve,
hê hinket dârumb doch nicht.
Sîn bordêren dat is nicht licht,
de eyn olt wîf heft bestreden.
Van eyner swacken plôchweden
wart nümmer eyn gût stekelsper.
Och wat vint me leyder der,
de dat recht willen krummen!
Wûr me vaken hôrt wat brummen,
dâr is wat nîes to brede.
Eyn îderman möt gân nâ den trede,

---

756 hupen*]*hupe *BS*
757 de andere *BS]*dem andern
760 gefallen komess *BS]*gefallende kaumeß

de in den danze sik wil schricken.
Eyn juncman, de sik wol kan schicken
nâ fründe râde, dat gift wolrede.
Umme altô gûden frede
biddet selden de platensleger.
Mennigen grôten starken ûtdreger
sût me dicke gân dûven drîven.
Up eyner runden schîven
wîset de zeyger nacht unde dach.
De den êrsten heylebaren sach,
de is lange mit der erden berodet.
Mennich kümpt vaken unvorbodet,
dâr me öne doch süs nicht enmîdet.
We dâr sêre nâ der heyme tîdet,
de frâget gerne nâ dem wege.
Dat sîn ganz harde grove slege,
wen eyn hamer gegen den andern sleyt.
Wen eyn hôn dat ey vorlêt,
sô geyt dat kakelen unde pröttelen.
Eyn gût weykebrôt in der schöttelen
dâr mach alleman nâ tasten,
doch vele lûde dâr nicht nâ hasten
unde willen nâ der brâden vasten.

Hîr vörmâls in olden tîden
konde men vele schimpes wol lîden;
dat is nû al vorgân unde vorgetten.
We dâr eyn bôse wîf wolde kretten,
de lâte se rîden mit scharpen sporen.
Eynem schâpe, dat dâr is beschoren,
deme is de wulle entfallen.
Heyte queste up den pallen

---

790 heyme *BS*] heymme
792 harde *BS*] harte
801 vele *BS*] veles

dat is gût in dem stoven.
Up eynen vûlen swînekoven
dâr vint men selden gûde röke.
We eynen backoven slöke,
de möste hebben eyne wîde stroten.
Weme sîne hende afroten,
de is elendichlich gelemet.
We sik sülven nicht enschemet,
de deyt mennige schande unde laster.
Dat wart io lenger io faster,
dat me alle dage nêdet unde mûret.
We den kettelhaken glûe schûret,
de is des andern dages lîke blank.
De dâr seyet de herstrâte entlanc,
wê is de man, deme dat batet?
Eyn bedeler stêdes hatet,
dat eyn ander vör den dore steyt.
Wôrumme de viller de hunde sleyt?
dat schût umb de velle unde vet.
De behôvet neyn vogelnet,
de de meyseken vanget up den kloven.
Eyn de sik sülvest plecht to loven,
de heft gerne quâde nâber.
Dat möt sîn de beste haver,
dâr me de gûde grütte af maket.
Wat me under den snê beraket,
dat kümpt hervör, wen et updauwet.
Wôr me mes unde strô strauwet,
dâr komen wol vögel to der banen.
Mit krûzen unde mit fanen
geyt me selden umme de wôsten marke.
Eyn lindenholt unde eyn barke
de döget nicht gelîk to eyner nave.

830 naber!/naver *BS*

Eyn swart swôn unde eyne witte rave
dat sîn selsen vögel hîr to lande.
Dat lête mennich wol to pande
den överlôp in dem magen.
De nîen glûen hôde unde blanke kragen
mit dem êrsten is er beste schîn.
Gemeynlich se twîer art sîn
eyn junc wert unde olde geste.
Eyn hegenbûdel unde eyne sparkeste
dat wêre wol eyne ganz gûde wîse.
De olden drôgen bessenrîse
selden dat se sik wol hâket.
De schade mennigen wol wîse maket,
men nümmermêr wene rîke.
Eyn schrîver lêret wol schrîven lîke,
wen hê de blade êrst wol belîniget.
Mennich wart ganz sêre pîniget
unde heft wer weydage efte wunden.
We de kôken backet in den plünden,
deme rûket de sôm nâ der pannen.
We den bodden sût in der kannen,
dat is eyn teyken, dat bêr is dâr ûte.
Men röpt vaken unde vele to iodûte,
dat röchte wart selden vorbot.
Dat is eyn io sô gût man, de dâr höt,
alse dêjenne, de öme vördrift.
Dat is altomâlen îdel vorgift:
breydeworme, spinnen unde snaken.
Dâr is neyn gût borne to maken,
dâr me dat water in dragen schal.
In der fürsten unde hêren stal
stân nicht gerne de slimmesten perde.
We sik swart under ôgen smerde,

846 er] ör *BS*

853 mennyghen *BS*] mennychen

de sêge denne alse eyn môrman.
Dô Adam rodede unde Eva span,
dô was de edelman nicht eyn spîr.
We dâr eyne krône heft van papîr,
de is eyn könnich in dem rîme.
Sête im hoppen neyne krîme,
wat döchten de blade denne?
Dâr vart mennich van henne
unde let hîr beyde sülver unde golt.
Wôr sik eyn îderman tô holt,
des wart öme sîne levedage genôch.
Dâr sik dat swârste mit dem lichten wôch,
dâr moste dat lichtste upwippen.
Mennich maget let vaken wat glippen,
dat öre denne tovören wol behaget
unde achternâ beweynet unde beklaget;
wol wart dat dâr vaken up gewaget.

Junge hônre unde olde vische
de sîn ganz lêf up dem dische,
wente se plegen wol to smecken.
We sîn hûs mit mânstrô let decken,
dat kümpt dem hûse nicht to gûde.
Vele sêres wart geheylet mit krûde,
dat is nümmer sô dêpe gewunt.
Eyn schemelôs unnütte munt
is neyn nütte mankt vrome vrûwen.
We sik sülvest nicht wil trûwen,
wô könde dê eynem andern wesen holt?
Neyn dinges is sô mannichfolt,
des wart van dage to dage io minre.
Dat is ganz neyn gût winre,

874 sege *BS*/seye
885 lychten/lychsten *BS*
886 lichtste/lychste

de dâr stêdes unde jümmer vorlüst.
We sik sülven wôrtô küst,
de beydet nicht nâ sînes nâvers köre.
Weme geschenket wart eyn störe,
de möchte sik des visches vrauwen.
Weme sîne pîpe is afgehauwen,
de heft nicht alle sînen willen.
Eyn schâp dat is gût to stillen,
wen dat up dem ôver licht.
We dâr överkepsche ôgen kricht,
ik holde, dat hê nicht weme sût.
We des winters eynen linnen rock antût,
de kan sik in den pilze nicht warmen.
Kôkaldûnen unde swînesdarmen
de vint me in neynem vische.
In eynen gûden olden dische
vorwart me wol gût nîe gelt.
Dâr eyn appel efte bere wart geschelt,
dâr heft dat kerenhûs neynen börgen.
De kan nicht drâden wörgen,
de bî den vôten wart upgehenget.
We blak to safferân menget,
de maket tweyerleye varve.
De dâr sleyt up eyner garve,
dat enlet nicht altô gille.
Wocken, warvel unde spille
de hôren to der vrouwen warke.
Vele komen der dûsteren swarke,
de tomâlen neynen regen bringen.
Mit bessem unde mit swingen
plecht men ungerne to vechten.
Eyn hölten mest kan nicht hechten
eynen stâlen îsern barch.

---

907 kore *BS*]hore

Dâr is neyn dinc sô arch,
dat is io wôrtô gût.
Is eyne maget tô junc to eyner brût,
se wart ölder van dage to dage.
Mennich kan spreken nâ behage,
de schalk öme achter den ôren rôret.
De heft sinen dreck nicht ûtevôret,
de öne under sîn venster schüffelt.
Alle wat de ars besnüffelt,
dat enit de munt nicht gerne.
Eyn altô snûtliche stolte derne
is mit der lêve sêre begreppen.
Wat plecht scharper to kleppen,
alse dâr dôn de nîen swöppen?
We de kinder weyt to kröppen,
jâ de vordênt altô vele dankes.
Âskûlen de maket vele stankes,
des de aptêke nicht endeyt.
Mennich in eyn klôster geyt,
hê bedarf dârumb neyner kappen.
Eyn olt pilz van vêrtich lappen
de wringet neyne grôte bûlen.
Jâ bûten umbher to schûlen
pleget dêjennen, de dâr vorzaget.
We mit ûlen unde katten jaget,
de vanget wer vösse efte hasen.
Me kan dene wol drâden afâsen,
den me mit gûden worden kan vorletten.
Wen de katten alle mûse dôt betten,
dat wolde wesen eyn grôt hôp mûse.
De sit unde sleyt sîne lûse,
de sleyt sîn eygen vleysch unde blôt.

---

940 to yunck *BS*/yunck
954 maket/mackt
957 nener *WBS*/nene

Eyn de dâr heft eynen schêven vôt,
de möt nâ den trede hinken.
We stêdes wil water drinken,
wat wüste dê wô öme dat bêr smeckede?
We sik mit gecken begeckede,
de narrede sik sülven tomâlen sêre.
Eyn schône wedder unde lachende hêre
de künt sik drâden unde kort wenden.
Wôr me sik warpet mit brenden,
dâr pûstet de dûvel in de kole.
Mit eyneme opene hole
kan eyn vrom man sîne dochter holden.
Nîe kleyder in den volden
de hanget stîve up dem ricke.
De gân wil in dem knicke,
de möt stîgen all nâ der flâge.
Dâr kümpt wol mannich to lage,
de nicht enweyt, wat dâr bret.
We sik up der hêren hülde vorlet,
de möt dat setten up vordarf.
De vör veftich jâren starf,
de is nû alreyde vorgetten.
De sik sülvest wil to warke setten,
den schal me nergen tô drengen.
Wen sik de maget tenget to rengen,
sô begeret se gerne des mans.
Dat is der êre neyn gût kranz,
dâr de schande de bôven ûtstikt.
We de karsebern afbrikt,
de it der nicht up dat meyste.
Dat sint neyne bôse geyste,
de vör dem crûce nicht enwîket.
De vische, de wol sîn gedîket,

---

988 heren *BS*]*fehlt* 997 de bôven]dar boven *BS*

dat heyten gemeynlich gûde karpen.
In der bokemöle is quât harpen,
wente dâr wart sêre över geboldert.
Wan eyn wîf altô sêre voroldert,
sô is dâr neyn vreude mêr inne.
Mennich heft wat gûdes im sinne,
dem eyn quât valt in den wech.
Dê man heft neyn gût vorhech,
deme sîn wîf vele vorspildet.
We eynmâl genzlich is vorwildet,
de is nicht to holdende in plichte.
Mit eynem sûverliken angesichte
vorköft me wol eyn eyslik achterblick.
Dâr kümpt mennich in den vasten strick
unde valt över eyn kleyne strôhalm.
We dâr sik wil kleyden up den palm,
de möt dat want tovören halen;
kan hê des nicht reyde över betalen,
sô lâte hê dat to borge anmâlen.

Kort gras unde sôre heyde
is dem queke neyne gûde weyde
io tovören in der wintertît.
Wôr eynem neyne macht ane lît,
dâr leyt hê neynen vlît an.
Vele de willen hôge up gân
unde kümpt to sitten ganz sîde.
De dâr lachende geyt van dem strîde,
de heft den prîs gewunnen.
De dâr stêdes wandern in der sunnen,
de gân nümmer in den schede.
Dat is neyn gût stekelgerêde,

1017 eyn/eynen *BS*
kleyne/klenen

dâr me sik mit köppen tohôpe stöt.
Mennich wunde nicht enblöt
unde wart gesteken mit aller macht.
Vele wart vör den halse vorsmacht
unde wart doch denne nicht gespart.
Mennich berômet sik sîner eddelen art,
de doch eddeldôm nû gewande.
De sik vorweget aller schande,
de gift över mennige êre.
Eyne vorworpene olde rusterige schêre
de snit selden wol mit môde.
Under eynen îsern hôde
pleget neyne nunnen to vechten.
We sik sîne hâre vorsenget mit lechten,
de heft gerne sînen eygen stank.
Wat eyn deyt âne sînen dank,
dat deyt hê nümmer willigen.
Dôde papen unde levendige hilligen
de sîn neyn nütte bî dem alter.
In eynem ossenbûke stekt eyn salter,
dârvan wart neyn gût missebôk.
De in den stoven geyt âne brôk,
dat wîset eyn blôt ars wol ût.
Dat is alletît eyn meyne lût
to schattende eynen bûrman.
We nû de wârheyt velschen kan,
de wart leyder sêre geprîset.
De van den lûden wart vorwîset,
dat is öme neyne grôte frauwede.
We sik in dem paradîse beschauwede,
vörwâr de wolde grôte spreken.

1041 aller *WBS*] alle
1043 olde rusteryghe *BS*] ole rusteryche
1049 ane *BS*] an
1051 hilligen] hylgen
1055 ane *BS*] one
1058 burman *BS*] bursman
1059 nu *BS*] nun

De dâr sîn leyt nâ willen kan wreken,
trûwen dem is lêve geschên!
De mit den schelen ôgen sên,
de maket gerne de schêven stücke.
Dâr kricht mennich gût gelücke,
dat sîn nâber in dem schaden besit.
Eyner oft vele drinket unde frit,
dat öme achternâ sêre rûwet.
We dâr alle büsche schûwet,
de kümpt gar selden to holte.
Eyn armborst sunder pîl unde bolte
de schüt selden wat wildes.
De vör sik heft wat hildes,
den sût me hastigen jagen.
Mennich vôret den brûtwagen,
de dat mit swöppen nicht drift.
Wen sik dat pert mit dem sterte wrift,
sô heft dat in den munde den wranc.
De den kalveren de misse sanc,
de fell mit den ammer in den kôstall.
We dâr vele sprikt unde spreken schal,
de sprikt, dat öme de munt schûmet.
Mennich den wörpel dûmet,
unde nicht nâ sînem willen falt.
We dâr kümpt in des dûvels gewalt,
it is wâr, dat hê êwich starvet.
Weme vel gûdes is gearvet,
dat is eyn dôre, de des misbrûket.
We up heyten huchtelen hûket,
de vorbrent de schenen mit masselen.
Wat kan me dâr vele rasselen,
dâr me umb nâtelrêmen plûtert?
We sik mit schorven ûtmûtert,
de mach suntheyt vorwachten.
We in sîne köken nicht wil slachten,

de heft gerne eynen wôsten wîmen.
Eynen broken krôs tohôpe lîmen,
de is dârumb nicht altô ganz.
Dat is nicht als eyn dûvendanz,
dâr eyn pert dravet up den bönen.
Dâr geyt mennich up den tönen,
hê ginge vele lêver up der varsen.
Tam vleysch mach me vüste barsen,
dâr wart io neyne wiltbrât ût.
Alle ding is worden gût,
wen de erveschade nicht dede.
Fründe werden drâden reyde.
Maket dat tauw reyne unde fîn
unde schenket uns den kôlen wîn,
doch dat möt wol gût bêr sîn.

Lange kleyder unde korten sin,
alse ik des vorvaren bin,
dat is eyne art der lêven jûten.
Dejenne de sik under ôgen mûten,
de wischet den achtersten nicht.
De dâr vrouwen unêre vorswicht,
dat is des mannes eygen lof.
Mennich de kricht hûs unde hof
mit gelücke unde gût gefall.
We dâr rôde varve vorrôden schal,
dâr bedarf hê wol gûde varve tô.
Eyne wintmöle unde eyne kô
de hebben unlîke sterte unde beyn.
Ik sach nû eynen mölensteyn
vlêten up waters strôme.

1107 Tam *LBS*/Tom
1109 alle dinc/alle dynge, *vgl. 227*
1110 erveschade *BS*/ervet=schade nicht/it nicht, *vgl. Anm.*
1117 jûten/yüten

Up eynen sûren höltkebôme
sût me neyne austappel wassen.
De Döringe unde de Sassen
de sint ungelîke an örer sprâke.
We dâr drünke kalkwater unde hêrinclake,
de sülve söpe den bittern dôt.
We brôt hat, dem büt me brôt;
we nicht heft, den bit de kummer.
De geyt io lenger io krummer,
de swâre secke verne schal dragen.
Wan de hêren unde vörsten dagen,
den öre sake is dat meyste umb gelt.
We de penninge up dem hauwe telt,
dâr heft de worp neynen klanc.
Hîr bevören, dô men de olden lêde sanc,
dô hêlden ör twê den steyger.
It is quât water, sprak de reyger;
dat was öme altô dêpe to waden.
We dat gûde deyt to dem quâden,
dat is des dûvels vörlôper.
Dat is ganz neyn gût dôper,
de eynen in der goten spôlet.
Wart dat heyte îsern nicht gekôlet,
sô is dâr nicht gût up to küssen.
Ût eyner leddigen krûdebüssen
wart selden wol gespîset.
De dâr mit schalkheyt grîset,
de wart up dat older nicht gebetert.
Dâr me de kesserlinge vele wetert,
dâr denkt men wer to sêden efte to brâden.
Welk man kan dat errâden,
dat dâr is in vorborgen dingen?

1134 **herynglake** *BS*] **herynge-lake** **1137** **den byt de** *WBS*] **de byddet**

Weme alles alletît schölde gelingen,
dat wêre îderman wol gelegen.
De flêgen wil under den heven,
deme volget mennich schône voggel.
Wörste wringen dorch den böggel
dat könnet wol de kok unde de kûter.
Me sût vaken hoverûter
hîr unde dâr draven in dem velde.
Wôr eyn helt kümpt to dem helde,
dâr möt ôk eyn helt vaken wîken.
We dâr den lauwen wil beslîken,
de darf mit öme nicht wrangen.
Wôr me de wülfe schal vangen,
dâr möt mit vössen werden gestelt.
Uppe der armen lûde gelt
steyt övel up to wachten.
Neyn dinc schal me vorachten,
dat de schade nicht dubbelt werde.
Bî eyner kleynen tûngerde
wart neyn plôch wol getogen.
Wô könde dê wesen gûden högen,
de dâr sînen môt heft vorloren?
De schal noch werden geboren,
de alleman wil to danke dôn.
We de lange beyne hedde sô de krôn,
de möste hebben smale enge hosen.
Eyn dinc, dat me wol kan lôsen,
dat springet risch över den rîn.
Brâden hasen, drôge las unde wîn
dat is nicht der leymenklicker köste.
Wen sik de dêf neren möste,
hê wörde in den galgen nicht gehenget.
We dâr sînen lîcham to sêre spenget,

1180 tungerde *WBS*] tun=gerede   1194 spenget *WBS*] sprenget
1190 Braden *BS*] Brade

de wart mager up den ribben.
Wôr twê unnütte tohôpe kibben,
dâr wart de dridde unsâlige gerne.
Van lînen garne unde twerne
maket me selden gût sîden want.
We dâr eyn stark armborst spant,
de möt dat dôn all mit limpe.
Mit der hose unde koggeltimpe
dâr is quât ro̊ve mede to graven.
Neyn kranke is dârmede to laven,
dat de bûr to sîner kerkemisse koket.
We dâr eynen sack mit nöten ûthoket,
de vorköft mêr holtes den karne.
We up dat hôchste sût flêgen den arne,
desülve is nicht all blint.
De sîne hosen benedden de knê bint,
deme löpt sîne pisse nicht in de schô.
Dâr deyt mennich wol eyne dör tô,
de mit slötelen nicht wart besloten.
Eyn de mit kamerlôge wart begoten,
de is mit wîwater nicht besprenget.
Wen sik de dach vorlenget,
des freuwet sik de krůsel.
Wê heft iewerlde eynen kůsel
uppe eynem meshôpe lôpen sên?
Wan de snê valt up eynen heyten steyn,
sô is hê gar lichte vorsmulten.
De hôgrêven unde de schulten
dat sint der bûren afgödde.
Eyn tam wulf unde eyn döft jödde
in den is vast neyne trůwe grunt.
De sochte eynen eysliken vunt,

1200 armborst!] amborst *BS*, *vgl. die Anm.* 1210 kne *BS*] kny

de de blômen under dem vilthôde vant.
Eyn kîvit unde eyn tarant
de hebben ungelîke veddern unde schrey.
In eynem harden dicken kley
is mit spaden nicht sachte to graven.
Wen de perde begint to snaven,
sô plegen se gerne to strumpelen.
Vör der döre is quât rumpelen,
dâr de klinke vaste steyt in der krampen.
Wôr dach unde nacht bernet de lampen,
dâr hôret vele ölye tô bî den lunten.
We van bêrs halven fert in Drunten,
de kümpt in drunkenboldes schôt.
Frünt in der nôt, frünt in den dôt
unde eyn frünt achter rügge
dat sîn drê veste brügge,
wörden ôk alle sîne vîende flügge.

Mennich de vôret hôgen môt
unde heft eynen ûtgelesen vilthôt,
dâr hê den môt under dracht.
De dâr hebben gewalt unde macht,
dêjenne hebben ôk dat recht.
Wêre in der werlde men eyn schôknecht,
sô drôge hê doch lîkewol swarte schörten.
Wôr me smôket mit wîwörten,
dâr werden gerne ôgen tôgedrückt.
We sik mit dem koppe to sîde bückt,
dem kümpt de ars vüste hôger.
Dat wart io lenger io drôger
natte dôker bî dem fûre.
Dem ensteyt neyn grôt eventûre,
de dâr schüt mit scharpen scheten.

1257 Dem] De *BS*

De kan nicht altô sêre sweyten,
de naket in dem snê badet.
Eyn de sik sülvest wol râdet,
dâr kan nêmant wat ane wanen.
De hônre unde ôk de hanen
vordauwet des dages negen kroppe.
Dat sîn neyne sîden toppe,
de eynen bart maket van hêden.
Walnöte, mispelen unde queden
dat sîn des aptêkers sülten.
Wôr me drinket ût hölten tülten,
dâr hebben de bômkannen vele rechtes.
Beter dat vordorven sî de arbeyt des knechtes
wen de mester sülven sînes warks.
De nimpt gerne wat starks,
de under den kranken heft den kore.
Vele beter is to gân ût den dore,
wen dat me boven ût dem venster valt.
De den êrsten pennich vorsmalt,
de heft den lesten nicht gedropen.
Twê kôle in eynem gropen
de werdet nicht to lîke wol gekoket.
We sîn vlas in der mölen boket,
de darf in den hûse nicht treyten.
De leddich geyt mit dem vleyten,
de weyt neyne tît bet to vordrîven.
De dâr nû gerne wolde blîven,
dem wêre gût to tôvende.
Eyn man plecht gerne to ôvende
sîne arbeyt, de hê heft gelêrt.
Dat hölt me nicht altô wert,
dat nichtes nicht heft gekost.

1270 bomkannen *LBS*] bomkamen

1281 der molen *BS*] dem mule

1286 Dem *BS*] De

To dem bêr deyt me wol post,
dâr me den hoppen nicht hat.
We vünde der Neffelungen schat,
de könde werden êwich rîke.
Vorborgen vörslote unde dîke
plecht selden weme to dîgen.
Mit garstengrütte unde klîgen
maket me wol vette swîne.
Dat is eyne grôte plage unde pîne,
deme hende unde vôte werden affehauwen.
We de beren mit slegen wil bedrauwen,
de darf nicht stân unde wrimpen.
Dôren wan de beginnen to schimpen,
sô talmen de bôven ganz gerne.
An den himmel is de morgensterne,
des mach me wol genzliken lôven.
Över velt in grôten schoven
sût me vaken sprêne flêgen.
Mennich sprikt, dit sî sîn eygen,
unde heft dat pant lîkewol geborget.
Vele is der, de nicht ensorget,
unde krîgen doch wol grauwe hâr.
De vall de is nicht altô swâr,
dem eyn vedder up den heyken stüft.
Eyn holt, dat nicht gerne klüft,
dâr sleyt me nâ mit dem kîle.
Wart eyn geworpen mit dem bîle,
de warpet wedder mit der barden.
In eynem schônen bômgarden
fint me mannigerleye lüsten.

1293 Neffelungen *vdHagen BS]* leffer lungen
1294 werden *BS]* weren
1295 dyke*]* dyderyke *BS* *vgl. Anm.*
1296 weme *WBS]* we
1301 slegen *WBS]* slege
1317 geworpen!

Men sût selden wat rüsten
wullen pande unde gülden ringe.
Me secht sô lange van eynem dinge,
dat it eynen to lücke slumpt.
Me möt den mey nemen, sô hê kümpt,
kême hê ôk in winter to wînachten.
De dôde perde unde olde gûle slachten,
de gevet dat vleysch den kreyen.
Könde men de eldern ût der erde kleyen,
des wêre mennigen kinde wol nôt.
Dâr eten vele vörgegetten brôt
unde betalt dat mit eynen knipken.
De kornôten unde de stipken
de wîset me mit witten stöcken.
Vele hole lâten sik wol tôplöcken,
alle hole werdet dârumb nicht gestoppet.
We mit den vûsten wart gekloppet,
de wêdage wart drâden gereddet.
Wôr twê spelet efte weddet,
dâr möt eyn alletît vorlêsen.
Wô könde dê ganz sêre vorvrêsen,
de in twên pilzen stünde unde smedede?
We mit eynem wîsen manne redede,
de wörde van öme nicht gearget.
We stêdes eynen dêf harbarget,
de wart vaken unde vele bestolen.
Dâr tût mennich eynen volen,
de öme sülvest vör de schenen sleyt.
We dâr sîn gelt an de hôren leyt,
de vorlüst sîne gifte unde gâve.
Dem beren is gût de stert ave,
hê wil dâr neyn honnich mede licken.
Wen de eyer beginnen to bicken,

1332 dat myt *WBS*] darmyt

sô komen de kûken drâden ût.
Eyn ûtpûster dat is gût,
de bî dage sit bî dem lechte.
We dâr eyne hôren nimpt to echte
unde tovören dâr wil grôte van spreken
unde dârnâ umme hauwen unde steken,
dene mach me vör eynen schalk reken.

Neynerleye wîs möt men lêgen.
De âne veddern wil flêgen,
de möt mennigen fall wâgen.
Mit eyner hölten sagen
kan me neyne eyken delen snîden.
Mennich möt mîden unde bîden,
sô lange dat sîn dinc beter wart.
In dem water vint me de meysten part
natte steyne, mudde unde sant.
De dat seydenspel êrsten vant,
de sochte dat nicht ût der bungen.
Dat heft nicht altô lûde klungen,
de in eyne leddern tasche vîstede.
We eynen swînekoven belîstede,
dâr is subtîle arbeyt unbewant.
Wôr eyn man is bekant,
dâ is hê alse hê wesen wel.
Dâr dünket sik mennich ganz snell,
dem wol entlêpe eyn vorbrant vos.
Dê rit neyn gût nôbel ros,
de dâr rent up eyner zegen.
Dê heft dat bedde nicht bemegen,
de sit unde pisset dorch den stôl.
De dâr schit in den andenpôl,

1366 byden*]*lyden *LB*
1372 Dat *BS]*Da
1384 andenpol *BS]*andern paul

dat is neyn gût leckermôs.
Wôr sik de kesserlinge stôten an den krôs,
dâr licht de krankeste under rosvôten.
De olde plünden wil lappen unde bôten,
dat rit io lenger io mêre.
Me maket neyn wilt dêrte sô quere,
dat blift io in sîner eygen natûre.
Mennich vogel sit in eynem bûre,
hê sête lêver in dem wilden wolde.
De stêdes holden de hinderholde,
de draven alletît mit dem lesten.
We dâr sîne borch wil bevesten,
de tobrikt wer mûren edder graven.
Eyn horn dat möt me dünne schaven,
schal dâr eyn licht dorch schînen.
Mennich heft eyne eygen kunkebînen,
de hê alleyne heft sô de stöver sîn bat.
De dâr hüppen geyt sô de krôn up der sât,
de möt den strede wol bewaren.
Wen de vôrlûde mit dem wagen varen,
wô künt se denne smeren den schinkel?
De dâr vegen wil in alle winkel,
deme stôven gerne de ôgen vull.
Beckerschôve unde strômull
de werdet to ovenwische bedarvet.
Dâr geyt mennich wol barvet,
sîne schô stân up der kemnâden.
De haver, de licht in den swaden,
dem schadet de regen nicht lichte.
Dat is twâr eyn arm stichte,
de ören bischop nicht kan vôden.
Vör spot kan sik nêment hôden,
wenne spötters dör steyt alleman open.

1388 plunden *BS]* plunnen 1417 dor *BS]* thor

De heft dat mâl wol dropen,
de de glêven schüt bî den sticken.
De zekeren unde wicken
de wasset up neynen schorfladdeken.
Bottermelk unde dünne waddeken
de gevet gûde levenisse.
Eynes mannes eygen pisse
is gesunt, wê se genüttet.
Wart de vaden nicht geknüttet,
sô stikt me mennigen steke ummesüs.
Me secht to kindern vaken: Tüs!
des de olden ôk wol bedechten.
Mit lüchten unde mit lechten
dârbî söcht me neynen gûden rât.
Eyn alsô lüttik kleyne quât
kan vorteren altô vele gûdes.
De dâr wil hebben des besten krûdes,
de söcht nicht de distelstrûke.
Dêjenne vormêret gerne sîne sûke,
de dâr sîne krankheyt vorhelet.
We dâr up der poppîrmölen melet,
de schrot wer weyten edder roggen.
Mit eyner drôgen poggen
kan me neyne raphônre vangen.
We de krevete ût dem water wil langen,
de darf uppe de bôme nicht kîken,
men hê möt de mauwen upstrîken
unde de krevete in den holen beslîken.

Olt hat unde olde feyde
de dögen nicht alle beyde,
ik neme dârvör olde schult.

1419 de gleven *BS]* den kleven
1420 zekeren *BS]* zokeren
1431 socht *BS]* sach
1439 schrot *BS]* schret

We dâr mit dem ossen bult,
dâr kalvet de kô nicht van.
Dat möt sîn eyn blôde man,
de sik vör eynem vogel hüt.
Wê weyt wat dat bedüt,
dat de kreye up der smede sit?
De minsche neyn honnich enschit,
sête hê eyn ganz jâr in den blômen.
Mennich it de weyken krômen
unde gift sînen nâber de harden rinden.
Wôr me nicht wat veyls schal vinden,
dâr wart nicht to markede brocht.
Olt hêrinc, de dâr to mâte wat docht,
dâr künde me gûden bücki van maken.
Mennich de söcht den swaken
unde fint den starksten up der horst.
We van seypen lête maken eyne worst,
de ête, dat öme dat mûl schûmede.
We sik in der veyde vorsümede,
de hedde den schaden in der sône.
De vedderen an eynem hône
de hölt me nicht altô werdich.
Eyne wunde, de dâr is ganz unverdich,
de kan me in eyner stunde nicht heylen.
Den wülfen is quât to befelen
de schâpe unde gôse to hôden.
Könde sik de hunt des hungers vôden,
sô bette hê wol neyne knoken.
Dat is nicht alle vorsproken,
dat me alle dage bî dem markede vorkündiget.
We dâr twê narren tohôpe schündiget,
dâr is de dridde wol eyn dôr.

1460 Dar *WBS*] Dat
1462 könde *BS*] könne
1467 veyde *WBS*] weyde
1475 hungers *BS*] hunger

Dat is noch kleyner wen eyn rôr,
dat me stikt dorch eyn nâtelôge.
De himmel is ganz hôge,
mennich schalk is dârunder.
Dat is neyn grôt merwunder,
dat sik eyn de munt vorbarnde.
De dat bêr up den stock karnde,
deme feylde dat an der krîten.
Eyn unnütter, de sik nicht wil slîten,
de möt ût den dore mit der unvornuft.
We sik sülvest nicht enbört unde schuft,
deme besteyt de wage in den drecke.
Eyn gülden stücke unde eyn sîden decke
dat is neynes armen mannes beddewant.
Dê kricht wer tant edder quant,
deme geven wart snat vör mat.
Dêjenne it sik nümmer sat,
de eyn dinc rekent, wat dat kostet.
We eynen grunt wol bepostet,
de darf de schachte nicht harde pâlen.
We sik görden wil mit den smalen,
de behôvet nicht eynes dicken mannes rêmen.
We eynem den achtersten wolde tôkleymen,
in dem fünde hê goldes nicht eyn merde.
De dâr rit up eynem hölten perde,
de behôvet wer haver efte hauw.
Dâr is vele angestes unde drauw,
wôr dâr is eyn vrevel unde unardich förste.
We dâr eynen heller wagen dörste,
de vorterde ôk wol eyne mark.
De dâr dôt wart gelecht in eyn sark,
de hôret neynen kuckuk mêre.

1486 vorbarnde *BS*] vorbrande
1497 sick *BS*] *fehlt*
1498 rekent *BS*] reket
1507 angestes] angstes

Under eynem wagenspere
sût me neyne backoven stân.
Mennich de schal to Rôme gân
nicht dârumb, dat hê wil aflât halen.
Vele de willen brâschen unde prâlen,
dat sî weme lêf edder leyt.
Dat is neyn unvorwetten kleyt,
dat eyn man mit êren drecht.
Wêren alle hölte unde bôme recht,
wôrvan bûwede me denne de schepe?
Mit eyner îseren mesgrepe
villet men neyne dôde pagenköppe.
Eyn altô grôte dicke swöppe
is vordrêtlich to eynem perde.
Eyne hôre wol vele bôlen begerde,
wen se nicht enkêmen toglîke.
Mit milde wart eyn vaken rîke,
de ander mit karcheyt arm.
Dat is nümmer sô heyt efte warm,
eyne roddensnûte de is alletît kolt.
Dâr vorlüst mennich den ganzen wolt
umb eynes eynigen bômes willen.
De dâr nû lêren wolde villen,
de möt lêren snîden in den blôde.
Wôr stêde wech is gûde hôde,
dâr dörven de wechters nicht harde waken.
De alletît wanket in den braken,
dat geyt gerne över de kleyder.
Dem êrlôsen wart io leng io leyder,
de sik mit fromen lûden schal dincpâlen.
De alle sîn wark schal achter sik halen,
de sit twâr in ringer neringe.

1514 stan *WBS*] slan
1519 neyn] eyn *BS*
1530 arm *BS*] arme
1531 warm *BS*] warme
1534 eynes *BS*] *fehlt*

In neyner stidde is sô gût teringe
alse mit eynem dögenthaftigen werde.
Danzen in langen kleydern bî dem herde
vorsêret de ôgen unde de tungen.
De wart nicht ganz harde dwungen,
den me mit eynem strôhalm slôch.
Eyn rôfhûs unde eyn wôste krôch
frauwet selden hungerge geste.
In eynem kuckuksneste
werden neyne junge ûtgeseten.
We dâr stêdes wil mit dem becker eten,
deme bit wer fûr edder rôk.
Brandewîn unde knuflôk
dat stinket dorch seven gaten.
Dat licht nicht an den undersâten,
dat öre översten schöllen vordarven.
In eyner kleynen hölten swarven
wart den bûren sîne bottern kneden.
Wôr me to den danze schal treden,
dâr is de brût gerne up der spissen.
Eyn stôtpert in den wildernissen
hölt wer tôm efte töggel.
De allerhôchsten vöggel
flêgen nicht up de sîdesten spar.
De leste kümpt vaken dâr,
dâr de êrste reyde heft gewesen.
De van eyner sûke is genesen,
de mach de suntheyt rechte schatten.
Van eyner olden torettenen matten
maket me neyne gûde sleyerdôke.
We sînen rechten hêren vorsôke,
de wêre io nicht upricht unde trûwe.

1556 byt] nüt *BS, vgl. Anm.*   1557 Brandewyn *BS*] Brannewyn

Mennigen kümpt eyne galgenrûwe,
de dâr sit unde weynet in den krôge.
Ik holde, dat sî neyn recht wrôge,
de dem vogede nâ willen sprikt.
We dâr mit stumpen speten stikt,
de steke plegen nicht to blôden.
De alle dinc wol kan vorgôden,
dâr is de woldât recht vorspillet.
We sik eynes dinges vorwillet,
de is plichtich to holden in rechte.
Dat hölt me nicht vör eyn echte,
wen twê dôn eyne winkellöfte.
Eyn man, de sik bî hêrschop köfte,
dat schêge sünder sake nicht.
We dâr eynes handels wörde insicht,
öre worde van beyden parten erkende,
sô is de sake nümmer sô behende,
hê wüste dat anbegin unde dat ende.

Plôgen, hacken unde roden
is neynen manne vorboden,
de sik sôdânes arbeydes heft vorplicht.
Eyn de dâr heft puddagel unde gicht,
de wil sîn hovêrent wol vorgetten.
Mennich de wart gesmetten
sunder swöppen unde âne swâr.
De maget is rîpe unde manbâr,
de achteyn pâschedage aflevet.
Deme de hende altô sêre bevet,
ik holde nicht, dat hê verne warpe.
De timmerman wettet alle dage scharpe,
wente öme dênt neyn stumpe tauw.
Eyn pert, dat kricht eyn dögendich hauw,

1590 schege *BS*] schöge   1601 ane *BS*] ohne

dat schûwet wer fûr noch water.
Mennich is rôkerich alse eyn tater
unde heft in dem rôke nicht gehanget.
Dâr sit mennich unde halsranget,
de dâr gerne hôrde nîe tîdinc.
Eyn man, de dâr is medelîdinc,
de möt io barmhertich wesen.
Eyn holt to kleynen vesen
wart wol to nichte dreyet.
We naket mankt katten reyet,
de kricht gerne strîpede hût.
Dat wart nümmer vör den hêren lût,
wat knechte unde megede bedrîven.
Wôr de meyseke unde krône kîven,
dat sîn gar ungelîke kempen.
De de hardeste is mit dem krempen,
de heft de krummen streven finger.
Dat sîn tomâlen neyne bôse dinger,
dat ût dem wormhole krüpt.
Eyn dak, dat binnenwendich drüpt,
dat beteykent gemeynliken schaden.
Twê, de sik tosamende gaden,
der wart dârnâ wol drê.
Wôrvan deyt den kindern de bûk wê?
dat kümpt all van spôlwörmen.
Vele rôpen lûde mit störmen,
hedden se ôk hundert bêr in der kôpen.
Water to gêten mit dem schôpen
dat deyt neyn kerkensprengel.
Bûten sînen hûse sô eyn engel
unde dârbinnen sô de dûvel sülven.
Wan de olden wîve sitten unde hülven,
sô weynet se mit der nese.

1631 der wart] dar wert *BS*

Eyn smeltegrôve unde eyn ese
de maket vele dinges to grûden.
Me secht io: Besteke öne mit rûden!
dat is eyn underscheyt, kan ik marken.
Manket velen jungen varken
men kent wol beyde hê unde sê.
Dat is tomâlen dreck unde snê,
dat io nicht to etende döcht.
Mennich, de vele hülperede söcht,
de in den dingen is benôdet.
We dâr eyne vlêge êrsten dôdet,
de morde denne wol hundert schock.
Me vint neynen eyken block
boven an der klinken an dem dore stecken.
We dâr schalkdoren wil gecken,
de möt sik spottes övergeven.
Dô de halfter tor heyme bleven,
dô ginc dat över de tôme.
De alderhôgesten lengesten bôme
de werdet aldermeyst beweyt.
De sîne kleyder mit weden neyt,
de behölt inne dat neyelôn.
Dâr tût sik mennich wat to hôn,
dat doch âne allen schimpe tôgeyt.
We sîne vîende tô ringe vorsleyt,
vaken dat it öme achternâ rûwet.
Dat is eyne dôrheyt, de dâr bûwet
eyne stidde, dâr hê sülven nicht wil wonen.
Mennich let sik ûtermâten wol lônen
unde arbeydet dârbî ganz trâge.
Dat kümpt vaken in eynem dage,
dat eyn nîe rat wart tohôpe döffelt.

1643 gruden *BS*] gruen
1644 ruden *BS*] ruen
1665 ane *BS*] one
1670 lonen *BS*] loven
1673 eyn *BS*] eyne

We dâr boven sik hauwet unde höffelt,
deme valt de spône in de ôgen.
Olde gülden unde de regenbogen
de lâten sik alle dage nicht sên.
Dat is vel harder den eyn steyn,
dat eyn dôn möt unde schal.
Dat is nicht all eyn schüttenwall,
dâr me nâ schüt mit eynem bolten.
De dûnenbedde unde de kolten
werdet mit ungelîken veddern gestoppet.
We sik in sînen eygen bart snoppet,
de spîet den andern nicht up den kin.
Wat schal dat wesen vör eyn sin,
de up der trumpen spelet âne seyden?
De sik alle dage let geleyden,
de möt alle dage drankgelt geven.
Arme ridder unde vette grêven
de kan me wol backen in smalte.
Eyn ding in sînem gestalte
dat geyt nicht vörder den sînen ganc.
Nêmant to kort efte to lanc
dat is de rechtste unde lîkeste stîch.
Wôr de pest is unde bôse krîch,
dâr werdet nakede bôven wol kleydet.
We dâr eyne hölten barden smedet,
de kricht spône vör hamerslach.
Âne twîvel dâr is dat schrâch,
dâr nümmer nicht is eyn betten.
Dâr is ôk neyne büdde vull schetten,
de me mit leppelen kan bedecken.
Mennich schal sîne vôte dâr strecken,
dat hê in dem jâre nicht afwischet.

1676 de *BS*] den
1695 rechtste] rechste
1705 Dat] Dar *BS*

We up den hôgen bergen vischet,
dem lôpet de vische dorch de nette.
Düt mach wol heyten de dûstere mette,
dâr me de lechte altomâlen ûtweyt
unde nicht ensût, wat in den bôken steyt,
unde süs in dem dûsteren to kôre geyt.

Quâde warke unde bôse röchte
we dê brûkede unde söchte,
sô hedde dat ende eyne bôse last.
Dat is eyn unwetten gast,
de dem werde strâfet sîne koste.
Wat is beter wan eyn roste,
de eynen hêrinc schal brâden?
Mennich de wil den dûvel laden
unde heft öne reyde sitten bî dem vûre.
Dâr is neyn dinc sô ungehûre,
dat weyt io sîne stidde to lâten.
Dat sîn slimme muskâten,
de men wil ût den stût hauwen.
Dê let sik vaken unde vele beschauwen,
de den bôvenwagen drift.
De pawes nicht milder begift
alse aflât unde vorgevinge aller sünde.
Makede hof- unde sûpvründe
de warden nicht altô lange.
In der werlde is nêmant sô bange
alse den armen unnütten segger.
Wat flücht mennich speyge hegger
to sînem spotte up den kloven!
Vele lûde öre kinder loven,
de doch gar nicht loven wert.
We de stêdes leckerhaftich tert,

1724 hauwen/klauwen *S* 1736 loven/loves *BS*

de kan wol drâden gelt vorleckern.
Wôr vele bôkes is unde eckern,
dâr komet wol swîne in de mast.
Eyn badehôt unde eyn quast
de bedecket nicht ungemakes.
De möste hebben ganz vele dakes,
de dâr bûwen wolde Venedig unde Rôme.
In dem allerrîkesten dôme
dâr is de côrschôlre neyn canonik.
In dem stoven eyn naket mönnik
de is eynem leyen gelîk.
Dat is eyn bôse vischedîk,
dâr de wülve unde vösse inne nesten.
Gelt to finden in allen kesten
dat wêre kunst unde gelücke.
De dâr krîgen schal eyn valsch genücke,
dat kan me eynem vull tôschîveln.
Mit bônenstrô unde arftenstîveln
dârvan maket me neyne gûde körve.
We in eyner stunde vordörve,
de dörfte dâr neyn jâr nâ beyden.
De dâr trumpet up eyner seyden,
dat geyt hart över dat snar.
Dâr is nümmer sô kleyne hâr,
dat heft io sînen eygen schemen.
Wat kan me dâr vele nemen,
dâr nichts nicht is mit allen?
Van eyner essels gallen
wart neyn anmôdich sûpent.
Et is dâr neyn gût krûpent
naket dorch scharpen dorne.
Van eynem krummen zegenhorne
wart neyn gût botterstaf.

1751 fynden *BS*/fynnen 1754 tôschîveln/to schyvlen

We varsche melk heft unde laf,
de mach wol gûde kêse wringen.
Sôte können nicht wol singen
eyn essel unde eyn rôrdum.
Dâr sîn de weyge ganz krum,
dâr dat winkelholt wart gesocht.
Wôr eyn unrecht ördeyl wart ingebrocht,
dâr is de sententie nicht recht.
Dat is nümmer sô vast eyken knecht,
öne vorwart eyn lindene hêre.
Mit eyner altô stumpen schêre
werden de laken övel geschoren.
Wôr me dâr werket mit dem sporen,
dâr nimpt de homan de flucht.
Alle dêr der môder titten sucht,
dat dôn de kinder mit dem munde.
De tappen, hanen unde spunde
dat sîn der tunnen ingeseggel.
Wôr hungrich is eyn arm eggel,
de dracht sûre höltke up dem rügge!
Dê vöggel sîn nicht alle flügge,
de illerêrst falt ût dem doppe.
Stünde malkes schande vör dem koppe,
hê lête sînes nâbers last ungerôget.
Welke vrouwe öre kinder to dôde sôget,
dâr is nicht lüstich bî to slâpen.
We vele dreckes wil tohôpe rapen,
de nimpt vele unreynes midde.
De dâr stêdes sit up eyner stidde,
dat is der klucken kûkedôl.
Vele dinge sîn swart sô eyn kol,
me warpt se dârumb nicht in den dreck.

1773 Söte *BS*] Sö e
1777 ördeyl] urtel
1780 One *WBS*] Ane
1785 der der *BS*] de der

Îsern platen unde dünne bleck
dat dênet to neyner brûpannen.
Van eyner grônen hôgen dannen
kan me neyne walnöte afwarpen.
Mennich de let sîne barden scharpen,
de sik to neynem holthauwer vormêdet.
Wat wîse lûde dem dôren redet,
dâr is dem narren vase bî.
Kôl, môs, bônen unde dicke brî
is dem bûren sôte honnikôken.
Ik sach nû, dat eyn mit flôken
deme andern sîne kele afstak.
We dâr neyen wil eynen swarten sack
mit witten tweren, dat is neyn nütte.
Kôkaldûnen unde kalverstrütte
de werden tolîke nicht gar.
Twê entele lûde, der is eyn pâr,
dâr sittet twê pâr söne bî den dische.
Dâr sîn nümmer sô kleyne vedderwische,
de kêren io af den spinnewef.
Eyn drôge vordorven pagenref
dâr sint neyne gûde betten ane.
We de natûr hedde sô de hane,
de möchte nemen negen wîve.
De dâr hedde eyn weykebrôt im lîve,
de afwachtede wol de eyervladen.
Mit knoken unde mit grâden
fenct me neyne bôkvinken.
Eyn de dâr wolde sîde drinken,
de möchte in den born stîgen.
De nümmer könde wîn krîgen,
de hedde nümmer eynen glump.

1807 barden *BS]* harden
1812 honnikoke *BS]* honne=koken
1825 so *BS]* wy

Dat mest is nümmer sô stump,
dat maket io wol eyne schrammen.
Mit eyner grôten störterammen
wart goltwark selden wol genêdet.
De dâr kîvende dôren scheydet,
dem wart biwîlen ôk eyn slach.
Wan nümmer kême eyn hilgedach,
dat wêre lange nicht geschên.
De reyde nicht wol kan sên,
de is sachte noch vorblindet.
De dâr badesteyne vorslindet,
de heft eynen heyten magen.
Hertzhorne mit vossterten toslagen
dat kan nicht överlût werden.
Eyn anhever, de wol kan herden,
de is êre unde geldes wert.
Jâ wô heft dê sik vorfêrt,
den dûsent gülden vellen in de slippen!
Witte tene dorch rôde lippen
maket mennigen man begerlich.
Dat is den megeden nicht sêre vêrlich,
dat se in den vrouwen schôen gân.
Eyn de kan nicht up den vôten stân
unde wil lîkewol den hüppelreyen treden.
De twîdrach in den steden
de kümpt her van older nücke,
wô wol ik des nicht ût en drücke,
wente dat sîn vorsette stücke.

Runde holte, vêreggede knoken
hebben mennigen bûdel tobroken,
de dâr plegen to bôsseln unde to spelen.
Ik sach nû eynen wulf eynen hasen telen,

1854 mennigen] mennychen   1865 bosseln *WBS*] baseln

men apen telen apenkint.
Dat is gar neyn gûde wint,
de de suntheyt stilt unde nimpt.
Weme sîn gût inkrimpt,
de mach mit leddigen bûdelen betalen.
Neyn mester kan dene recht afmâlen,
dêjenne de dâr plecht to bôsselen.
De papegeye unde de drôsselen
de werdet lêfliken upgevôdet.
Eyn man, de dâr is vormôdet,
dem is sîn herte ganz hellich.
We der sake wart neddervellich,
deme behaget nicht de êrste handelinge.
Wan dat is up der mânwandelinge,
dat is wint, regen, snê edder fücht.
Beter is de rôde, de dâr bücht,
wen de rôde, de dâr brikt unde knicket.
Wôr de bere dat honnich ûtlicket,
vör den bêseken öme nicht engrûwet.
We dâr dat gerichte schûwet,
de is gerne der schüldener eyn.
De dâr sleyt up den harden steyn,
deme drauwet de weddersprunc.
Beter is eyn vrüntlich drunk
as îdel ganze unde halve vullen.
Wôr de wîsen lûde dullen,
dâr hebben de dôren neyne schult.
Wat is beter wan de gûde dult?
des enkan ik nicht erdenken.
Alle de dâr anderer êre krenken,

1867 apenkynt *BS*] apen=kynder
1868 wynd *BS*] vynder
1873 bosselen *BS*] boselen
1874 drosselen *BS*] droselen
1875 werdet] werdt
1880 manwandelunge *BS*] Mon=wandelunge
1883 de *BS*] den
1885 beseken *WBS*] besöken

de werdet selden an der êre gesunt.
Mennich olderdômes wart wol kunt;
me darf nicht frâgen: Wê is dê?
We dâr gecken wil der schelke drê,
de behôvede wol der liste vele.
We dâr weynen geyt van dem spele,
de heft in dem spele nicht vele vorworven.
Dâr is neyn lant dârumb vordorven,
dâr me eyn span perde ût rôvet.
Vûle unde wormstekich ovet
wert mank gûde appel nicht geleyt.
De stêdes mit dem hilgen geyt,
de heft gût leyson to singen.
Dat kan nicht altô sêre wringen,
dat nicht altô sêre killet.
Ik holde, dat it nicht altô sêre swillet,
alle dat de gôse blâsen.
De dâr môtwilligen râsen,
dat sîn alle neyne dôren.
Mit vordôveden ôren
wart mit lêve nicht wol gehôrt.
We nicht enschûwet eynen mort,
de vortörnet ôk wol sînen vader.
Eyn gût unde êrbâr inlader
de sût gerne nâ den gesten.
De sik settet bî den besten,
de kan nicht arger werden.
De dâr reyde licht up der erden,
de enfalt nicht van den benken.
Dôren, de sik sülven wenken,
de dôn dicke unde vaken schaden.
Nâ hasen in den water to waden

1922 settet *BS]* setten
1925 benken *BS]* banken
1926 wenken *BS]* wanken

dat is neyn gût weydewark.
Eyn de dâr heft dûsent reyde mark,
dâr köft hê neyne knippelsteyne vör.
We van dem koppe vorlüst eyn ôr,
de heft sik lâten beslîken.
We sik hölt to sînes gelîken,
den kan nêmant strâfen.
We eyn dinc weyt to schaffen,
den schölde men to eynem kökemester setten.
De olden vründe schal me nicht vorgetten,
êre me sik mit andern vründen vornîet.
We alle dage geyt unde frîet
unde bîsterlike wege wanket,
dem wart van nêmant recht gedanket.

Swâre last unde grôte borgen
bringet mangen man in sorgen;
sülvest kan hê nicht betalen,
ôk van neynem geldes halen
unde ervert vele eventûrs.
We behôf heft des vûrs,
de söcht dat gerne in der aschen.
Me mach den raven vüste waschen,
hê wart dârumb nicht witter.
Eyn de des hûses is eyn besitter,
de antwordet van der were.
De dâr seggelt över dat rôde mere,
de varet nicht över den Runsevale.
De pawes mit sînem cardinâle
de is to Rôme grîs unde ôk wîs.
Wôr de vrüntschop nicht dicht is,
dâr is snelle to kîve gesproken.
Wan de mûre wart nedderbroken,
sô blift eyn steyn bî dem andern nicht.
De mit eynem leddern sacke sicht,

dem stüft dat mel nicht in de ôgen.
Mit langen unde mit lancsam vortogen
jaget nâ gerne de leste.
Ût eynem meysekenneste
nimpt men neynes trappen ey.
Nümmer bringet uns den mey
des heylebaren wechflêgen.
Falscheyt unde stêdes lêgen
maket mennigen lôflôs.
De den krôn vör den vinken kôs,
deme was lêve to grôten stücken.
Wôr men dat hâr wil vele plücken,
dâr kümpt dicke övermôt ût.
Eynes kargen mannes gût
dat is des dûvels oppergelt.
Dat möt sîn eyn vorwegen helt,
den kûm twintich holden mit speten.
Weme schölde des nicht vordrêten,
deme sîn gût wart afgeschattet?
De is alreyde wol beplattet,
de dâr heft eyn blôt kal hôvet.
We dâr pûr îdel klîen stôvet,
de behölt dat stübbe in sacke.
Eyn woltape unde eyn bracke
de gelîket sik altes nicht.
We sik eynes dinges vorplicht,
de möt arbeyden sô eyn mûl.
Weme sîn hôvet is reyde vûl,
de wêre gar sachte blôtwundet.
Dewîle eyn sînes geldes stundet,
dewîle set me öne boven an.
Schölde eyn teyn jâr över ende stân,

1969 heylebaren *BS*] heyle-barten
1972 den *WBS*] de
1974 har *BS*] hare
1977 des *BS*] det
1991 wêre] wert *BS*

hê stünde sik tolesten môde.
We under eynem backoven stôde,
de wêre all veylich vör dem hagel.
Mit eynem rûwen vostagel
kan me neyn wâpen vorbulderen.
Danzen up den schulderen
dat wêre selsam unde wat nîes.
Up dem water eyn cintner blîes
is swârer den teyn punt veddern.
Mit eyner korten leddern
kan me neyne hôge torne stîgen.
Eyn de dâr kan lîden unde swîgen,
dat is eyn mester, de dat kan.
Mennich hündesch unde karc man
de sik wol eyn wîf geven lête,
wen se wer drünke efte ête
alse eyne veddelen an dem spete.

Twintich dûsent man der is vele,
wol komen se nicht to eynem spele,
dâr me brûtlecht heft unde gesterîe.
Dat is düt jâr nicht nîe,
dat me to Âken dat hilgedôm wîset.
Dê wart van allen lûden geprîset,
de sik van eynem dinge tauwet.
Wen de katte up der bönen mauwet,
sô rôget se gerne de tungen.
Wôr men sik warpet mit lungen,
makt men queste mit krûde unde grase.
Eyne âlshût unde eyne swîneblâse
dat sîn neyne sêmesche velle.
Achter dem kachelofen in der helle
kan me den winter wol vorwachten.
De schâpe willen dârumb nicht vorsmachten,
dat de heyde is besnîet.

Wen de papen de schinken wîet,
wô nâ sint denne de pâschen!
Wen vele lûde willen brâschen,
der möt sîn eyn ganz grôt hûpe.
Dat is deme eyn gnêdich stûpe,
de dâr kricht men negen smete.
Dê heft neynen grôten slete,
de alleyne tert unde it.
We sîne kleyder to kleynen stücken snit,
de kricht vele toltern unde loden.
Wat wart mennich gût kôl gesoden,
dâr sik dat speck nicht inne drenget!
Wan de wîver öre pilze vorsenget,
sô rûket se alse brâden wulle.
Eyn half roche unde eyne schulle
de lâten sik drâden vorteren.
Olde lûde, pellegrîmen unde grôte hêren,
willen de lêgen, dat is in örer macht.
Dâr wanket mennich in der nacht,
de mit der ûlen nicht ûtflücht.
Eyne vette maget nicht endrücht:
is dat neyn vet, sô is dâr io eyn kint.
Wôr men den wert nicht envint,
dâr sîn de geste sîner unbekant.
Mit eyner leddigen hant
is de havik quât to locken.
In eyner ledderen klocken
bedarf me neynen îsern kneppel.
Hacket strô torôren mit eynem leppel
dâr werdet de kûken nicht van dôvet.
De dâr let vaken waschen sîn hôvet,
sô vaken bestelt hê êrsten eyn bat.
Dat is eyn quât tôvorlât,
de dâr vorlênet up dôven dunst.
Neyn ding is beter als gunst

unde alse lêve, vrede unde gnâde.
Van eynem kleynen drâde
maket me neyne wagenkeden.
Vele de werden to gaste beden,
dâr öne de wert de koste nicht engünt.
Mennich man de wart vorschünt,
dâr hê sîn recht kan mede vorlêsen.
Eyn de meynt, hê wil dat beste kêsen,
unde kricht dat slimmeste to deyle.
Uppe eynem hôgen kamêle
sût me de wilden menne rîden.
We över de Donauw wolde strîden,
de möt hebben den wîden strede.
Eyn dinc, dat dâr kümpt up den glede,
dat geyt wol endigen vort.
Wan eyn wîs man êrsten dôrt,
de gâgelt denne altô grôte stücke.
Eyn îderman des nicht up entücke,
des öme eyn kaf in dem ôgen stekt.
We dâr eynen witten heyken blekt,
dem schînet de vaden dorch de ribbe.
Wan tohôpe komet ôm unde sibbe,
sô samen sik vründe unde mâge.
Wôr eyn man heft sîne nedderlâge,
dâr lêret hê des sackes vêr orde.
We eyn wôste dorp vorstôrde,
dâr hôrde hê wedder hunt edder hanen kreyen.
Vele de sitten unde willen sik vleyen
unde drepen êr eyne lûs den eyne vlôe.
Jammer, kummer, drôvenisse unde unvrôe
dâr is nicht vele gûdes mede.
De dâr sit up eyner gûden stede,
it is nicht rât, dat hê rücke.

2068 öne *BS*] önen

Twê hasen up eynem stücke,
selden, dat se sik tosamende krettet.
Wôr me mit der molden mettet,
dâ kricht me drâden den vullen scheppel.
Et sîn gûde bücking edder drôge sneppel,
noch vele beter smecket eyn grône heket.
Wôr sik twê êrlôse vorspreket,
sô heyt eyn dûvel den andern glipôge.
Mit unser maget kamerlôge
wart eynem dat hôvet selden wuschen.
We dâr stêde io wolde buschen,
den jaget me wol drâden to holte.
De sînem gûde is to stolte,
dâr blift de armôt nicht vorborgen.
Eyn de büt dem andern gûden morgen,
de öme wol eynen quâden âvent günt;
och wat der vele in der werlt sint,
de dat mit lêfliken ôgen künt!

Velt, hasen unde hunde,
lust, stede unde stunde
maket mennigen weydeman.
Dat is eyn hetlik heykenspan,
dâr de lûse krûpen up den folden.
Dâr kan nêmant tô vorolden,
de unbeschimpet möchte blîven.
We dâr eynen scheppel krîten wil wrîven,
de vüllet mêr den eynen eydop.
De bregenpanne unde eyn dôdenkop
is neyn sûverlich brûtbeker.
Lanthôren twintich deker
de maket selden wene rîke.
Gân danzen in den slîke

22121 mochte *BS*] mogte

maket de vôte ganz swâre.
Mennich de kümpt wol dare,
dâr me sîner wol enbere.
We dâr eynen krevet schere,
de krege dârvan neyne wulle.
de dâr stêdes wêre sô de dulle,
de wêre nümmermêr wîs.
Kolt vrost, dêp snê, hart îs
dat besteyt neyn ganz jâr umme.
Dûsent gülden is eyn even summe,
de stecken nicht in allemans taschen.
Dat bêr in der spuntvlaschen
dat heft neynen langen lôp.
De werlde is alse eyn hauwhôp,
de let sik van alleman tocken.
Vele vrouwen de schûwet ören wocken
unde spint mit der sülveren spille.
We dâr mit sîner neringe licht stille,
dem löpt neyn gût in de hant.
We dâr sîne êre settet vör eyn pant,
dâr is bôse unde quât up to borgen.
We dâr nergen wil vör sorgen,
dat nimpt selden eyn gût ende.
Dat wêren ganze feste bende,
de nêmant könde uplôsen.
Me mach eyn vordorven schep vüste ôsen,
dat blift dennoch drôge nicht.
We in den rôsen gebunden licht,
de kan der rôsen nicht vele breken.
Könden alle dêrte spreken,
dat wolde mennigen bedrôven.
Mit zipollen unde mit rôven

2133 dârvan] davon

2146 neringe] narung, *doch vgl. 1544*

wart neyn schip beballastet.
We dâr heyt îsern âne tangen betastet,
de vorbrent sîne hende.
Dê möste sîn ganz elende,
de nicht eynen boren vrünt enweyt.
De in sîne eygen tasche scheyt,
dat heft öme övel angestunken.
Van eyner kleynen vunken
wart vaken wol eyn grôt fûr.
We dâr vorlüst sînes schepes stûr,
deme nauwet neyn grôt luste.
Van barmen unde ôk van duste
maket me neynen gûden klâret.
De dâr alles wol sparet,
dat wêre neyn selsam lôde.
Van klâr îdelen eyersôde
maket me neyn vet weykebrôt.
We vorloren heft altô grôt,
de süchtet unde denket dêpe.
We dâr eynen krevete entlêpe,
de hedde neynem rosse entrent.
We de kinder vör boden ûtsent,
de warvet dat warf man half.
De dâr küst de kô vör dat kalf,
de heft neyne lêve to der jöget.
We dâr eynen penninc tô sêre böget,
de brêke wol drâden snelle entwey.
De sik menget manket den sey,
den fretet gerne de swîne.
De dâr tummelt in dem mâneschîne,
dat dôt gerne de vornoten.
Alle dinge de sîn vordroten,
der me nicht kan efte mach brûken.

2164 elende *WBS*] klende
2185 der *BS*] de
2190 maneschyne *BS*] moene=schyne

Wen de vrouwen willen bûken,
sô hebben se dat güldene vest.
Mennich maket wol eyn stump mest,
he hauwet dârumb neyne scharde.
We dâr klevelûse heft in den barde,
de kricht frömde geste alle stunde.
Vele hebben dat honnich in den munde
unde in den herten de bitter gallen.
In den water perde to stallen,
de möste dat houw unde strô lêren dûken.
Uppe den varsen lange to hûken
dat geyt över de knê tolesten.
Mennich de let sik wat anbesten,
unde is eynem andern ôk to mâte.
Mit eynem bunten hôvetgate
kan Âlke up dem tîe wol hüppen.
Dâr steyt mennich in der drüppen,
hê lêge vele lêver up harden benken.
Mit velen gûden lüstigen swenken
kricht mannich vaken eynen frîen slabbas.
Dat oldinges eyne gûde sede was,
dat is vorkêrt mit nîer vünde.
Mennich de meynt, hê sî âne sünde,
unde heft eynen afgot in der kesten.
Wôr me sik sleyt mit badequesten,
dâr werdet de rîse wol gebladet.
Wen de prêster sîne bôker vorsmâdet
unde de schône maget ören kranz
unde de pauwe sînen langen swanz,
dâr is geschetten in den danz.

Wultu wesen gesunt âne sucht,
sô lâte deme bôme sîne frucht,

2197 He *BS*] *fehlt*
2205 kne *BS*] knye
2214 oldynges *BS*] olde dynges
2222 pauwe *WBS*] fauwe

di steyt anders eyne sûke in fâr.
Up eyner drecklichen störtekar
fert me neyne bespangede brût.
Dat is den olden lûden nicht gût,
dat se kîken in den spêgel.
Mit vostaggeln unde flêgenwegel
kan me nêmande scharpe stûpen.
Dâr meynet mennich, hê wil pûpen,
unde bedeyt de ganze brôk.
Dat wêre neyn eyslik spôk,
dem eyn schône maget in den arm kême.
We sîn eygen vîstent tohôpe nême,
dat wêre eyn selsame winterstübbe.
Eyn stovendör unde eyn perdekrübbe
dârvan maket me neyne kuntôr.
Wêre dâr neyn never efte spîkerbor,
wôrmede wolde men den hole boren?
We eyn dinc bedechte tovoren,
dat dede achternâ wol bate.
Dat is eyn eyslich muscâte,
dat de sû under den venster kauwet.
We sik mit schalkes negelen klauwet,
de heft neynes vromen mannes hant.
De strôseyle unde hoppenbant
dat sint neyne gûde klockreype.
De dâr stilliken lêge unde slêpe,
den hôrde me nümmer snorken.
Schôswarte unde elrenborken
dârvan maket me neyne schône gele hâr.
Eyn man de dâr alletît sede wâr,
dem wêre trûwen wol to lôvende.

2238 wynterstubbe *BS*] wynter stubben
2239 perdekrubbe *BS*] perde krubben
2241 never *WBS*] wever
2253 elren borken *BS*] eleren borken
2254 Darvan *BS*] Davon

Eyn hâr in vîf deyle to klövende
dat hôret tô dem smedegesellen.
We alle bôven wolde vellen,
de bedörfte wol hêr Dîderich van Berne.
Dâr is mennich stolte fîne derne,
lîkewol heft se eynen lak.
Dat heft neynen quâden nâsmack
klâretwîn unde malmesîe.
De âle, quappen unde de slîe
de möt me mit der hût betalen.
In der dörnsen ût eyner drôgen schalen
dâr wart nicht nattes ût gedrunken.
Deme is sîn môt alle entsunken,
de to dem galgen wart getrecket.
Wen me mit eynen sêken gecket,
dat is eyn recht bôvenspel.
Eyn swöpstock unde eyn bessenstel
de döget nicht to glevincstaken.
Wê kan dat to gûde maken,
dat to nichtes nicht endöcht?
Dat is eyn dôre, de dat söcht,
dat eyn reyde weyt vorloren.
De nû hûte wörde geboren,
de wêre morgen eynes dages olt.
Dâr is vorloren hoppen unde molt,
dem dat bêr in keller vorsûret.
Dâr licht mennich unde lûret
unde is sülf ander under der decken.
Dâr möste ganz verne recken
eyn dinc, dat neyn ende heft.
We nâ gelde in der erden greft,
de möt heffen eynen sülveren spaden.
De in der büdden plecht to baden,
de makt queste van krûden unde bladen.

2264 malmesye! 2271 seycken *WBS*/solcken

ANMERKUNGEN

Titel: durch die dän. und schwed. Lehnwörter wäre auch die umlautlose Form *Koker* zu rechtfertigen, doch ist mit Rücksicht auf das Hochdeutsche die Umlautsform beibehalten. – Auf dem Vorsatzblatt verzeichnet Hackmann noch folgendes Reimpaar:

Uth dem Koker mag man even
scharpe pyle klöcklyg heven.

1 f. vgl. Wolff-Festschr. S. 298 Anm. 51.
26 vgl. 1597 und Eulenspiegel Hist. 16 am Schluß.
50 zum Bilde von Pfeil und Köcher s. auch Luther Nr. 330: *Ein wort ist kein pfeil* (dazu Thiele S. 301), ferner WA 51, 247 u. 709; Agricola Nr. 336.
64 vgl. 1564, s. Schneider S. 70.

73 trotz seines Hinweises auf die selbständigen Verse 1111 und 1361 gibt auch Damköhler 54, 25 die Emendation Walthers zu.
86 vgl. 1077; Jente Nr. 269, s. auch Luther Nr. 47.
96 allgemeiner Jente Nr. 574.
100 vgl. 746 und Mnd. Cato (Nd. Jb. 23, 23); s. auch Zimm. Chron. 2, 282.
106 vgl. 2047.
116 vgl. Jente Nr. 634.
124 vgl. Jente Nr. 430.
126 vgl. auch 1992; anklingend Zingerle S. 20 (Freidank 96, 1), Singer 3, 53; Agricola Nr. 66, Bebel Nr. 381.
130 s. auch 883; vgl. Zingerle S. 121 (Luppin), Klapper Nr. 387.
132 vgl. Wolff-Festschr. S. 312, s. auch Jente Nr. 581 u. ä.
142 scheint anstelle von *gaven* ebenfalls eine Gebäckbezeichnung gestanden zu haben, vgl. *nunnenvort* u. a.

185 vgl. 1628.

195 klingt an das mehrfach bezeugte *Siet wel toe, scuym is geen bier* (Jente Nr. 618 u. 789) an, *noch half noch heyl* ist eine geläufige Redensart.

203 s. Schulze S. 134 (Matth. 6, 24; Luk. 16, 13), ferner Zingerle S. 66f., Seiler, Zs.f.dt.Phil. 45, 285f., Eberth S. 49, vgl. auch Narrenschyp 18, 1f.

205 unter Berufung auf Jente Nr. 452 (*Landes sede is des landes ere* Prov. Comm. Nr. 447) setzt sich Damköhler 63, 192 für Walthers Vorschlag *gesedet* ein; doch vgl. auch Schneider S. 67.

207 ist eine Umbildung des geläufigen Jente Nr. 181 (*Den olden schal me rades vraghen* Prov. Comm. Nr. 181).

211 *överpaget* ist nicht befriedigend erklärt; neben *payen* „bezahlen" (z.B. Hanserec. I 6, 15) kommt *pagen* vor (ebd. II 4, 170); es neben *page* „Pferd" zu stellen ergibt ebenfalls keinen rechten Sinn, andere Versuche stehen noch weiter ab.

213 ist Weiterführung von *Gleiche bürd bricht gemeynen ruck nit* (Franck 2, 60) u.ä., s. auch Agricola Nr. 75, Klapper Nr. 303, Bebel Nr. 321; Schneider S. 77 vermutet Wortspiel von *börde* „Last" und *borde* „Borte".

215 vgl. 1406.

217 vgl. 310.

223 bestand keine zwingende Veranlassung, die Emendation *eyn* > *neynen* von BS zu übernehmen; der Prahler legt nur einen Strohhalm für das Bier hin; Part. Prät. *(ge)leyt* erscheint häufig im Reim, bes. ostfäl., z. B. Sündenfall V. 551, Statwechs Weltchron. V. 1378, auch Cato V. 1935, Deif van Brügge V. 16 u. 641, Narrenschyp 5, 5, häufig im Schachbuch usw.

231 Wortspiel mit „Dank" und „Gedanken".

239 s. Wolff-Festschr. S. 308, vgl. Reimb. V. 2506: *Ick mende idt weer eken, Allent wat de lüde spreken, Nu is idt kume linden...*

249 ist wohl *unschüldich* mit Leitzmann, PBB. 45, 129 und Damköhler 63, 188 in *nü schüldich* zu bessern.

251 vgl. zu *Hans von Jena* die bei Wander 2, 353 gegebenen älteren Belege, u. a. Luthers Hauspostille.

253 nicht eindeutig zu klären; der Vorschlag Seelmanns ist zu gesucht, am wahrscheinlichsten ist mit Woeste, daß *voreggeden* und *uteschen* parallel stehen, also nur *edder* Sinn ergibt. Zu *voregget* vgl. A. Lasch im Mnd. Handwb. 1, 519 s. v. [2]*egge;* die Auffassung von *utesch* (vgl. Glossar) bleibt Vermutung, man könnte an die mnld. Bildung *avesch* Mnld. Wb. 1, 499 denken (vgl. J. Grimm, Deutsche Gramm. 2, 376), das allerdings nicht zu *af,* sondern zu ahd. *abuh* gestellt wird.

269 vgl. Jente Nr. 158, Normalform z. B. Prov. Comm. Nr. 158: *Dar de thun sydest is dar stych(t) men aver,* dagegen erscheint *stigel* Laßberg, Liedersaal 2, 609 (Zingerle S. 143) und Franck 1, 20.

278 zum 2. Teil vgl. Tunnicius Nr. 646: *We sach den wulf vor dem arsten liggen?*
282 zum Syntaktischen vgl. 1813.
286 vgl. Franck 1, 36: *Ungebetener dienst hat wenig danckes;* s. auch 546.
292 vgl. zum 2. Teil Jente Nr. 694, Bebel Nr. 165, Franck 1, 81.
296 bei Jente Nr. 329 in der geläufigen Form mit *supent, zuipen* u. a.. mit *nest* vor Lehmann (Wander 1, 753) nicht nachzuweisen.
298 „Gewohnheit" und „Natur" schon in den Belegen bei Zingerle S. 55 u. 108, ferner Luther bei Heuseler 372 (Wander 1, 1681).
300 ein Inf. *neygen* ist unwahrscheinlich, da vor *g* stets $\bar{e}:\bar{e}$ gereimt wird (287, 313, 371, 1381), es muß Part. Prät. angesetzt werden, so daß sich die Emendation *noch*>*voch* erübrigt (vgl. A. Lasch, Nd. Kbl. 39, 18); vgl. Jente Nr. 486, *schade* und *bate* halten sich in den Belegen die Waage, Luther Nr. 291 hat *schatten.*
308 vgl. 1261, s. auch die Belege aus Franck 1, 141 und Agricola bei Wander 3, 1484 u. 1486.
310 vgl. Jente Nr. 255, doch hat die Vulgatform *to middage.*
316 am nächsten kommen Agricola Nr. 36 *(Ein fram wiff kan me mit golde nicht upwegen)* und der von A. Risse S. 300 aus Murners „Schwindelsheim" angeführte *Ein frumme frauw ist goldes wert,* die übrigen Belege (z. B. Zingerle S. 168; Boner 96, 53; Klapper Nr. 417) liegen weiter ab; s. noch Hans Sachs 19, 108: *Ein wolgezogen weib vor allen Die ist mit gold nit zu bezalen* (1562).
318 nur anklingend die allgemeineren Formen bei Jente Nr. 603.
332 Gegenstück 1261; fast wörtlich Klapper Nr. 135; Wander 3, 1476 verweist außerdem auf Herbort von Fritzlar V. 4137: *Maniger git guten rat, Der selber rates nicht enhat.*
334 Gegenstück 2285; Tunnicius Nr. 804, das Schneider S. 6 irrtümlich auch hierzu anführt, paßt zu 938, Wander 2, 1782 bringt eine wörtliche hd. Entsprechung nur aus Simrock.
340 vgl. Jente Nr. 210.
344 vgl. 811.
350 schärfer noch 2214, der umgekehrte Gedanke Tunnicius Nr. 1184: *Dat vörtides was schande dat is nu ere.*
358 zur syntaktischen Auffassung vgl. Wolff-Festschr. S. 295 unter II
364 Singer 1, 88 gibt diesen Beleg als ersten deutschen.
368 vgl. Tunnicius Nr. 1316: *Lange kranckheit is de wisse dot,* ferner Luther Nr. 112, Bebel Nr. 306 *(Longa valetudo certissima mors),* Klapper Nr. 127.

374 vgl. Klapper Nr. 278: *Ys mussen offte dy ferckyl entgeldyn was dy zeu gebrewth;* zum Schichtbuch s. Schneider S. 65f. u. 71.

378 in der einfachen Form *gedanke sint vri* schon mhd. (Zingerle S. 46, Singer 2, 168f.), auch das Adj. *zolvri* mhd. und wohl auch mnd. (*toln vri* Sachsenspiegel II 27 § 2 vielleicht noch zu trennen); „Gedanken sind zollfrei" belegt Wander 1, 1395 zuerst aus Agricola, doch erscheint es schon 1523 in Luthers Schrift Von weltlicher Oberkeit (WA 11, 264, hier auch spätere Belege von 1528 und 1535), nd. Ausgabe bei Borchling-Claussen Nr. 746. Wenn Singer a.a.O. die erweiterte Form zufrühest bei Bote belegen kann, so muß dieses Zusammentreffen bei dem *tollenschriver* doch mindestens auffallen. Spätere Belege z. B. Franck 1, 90; Joh. Stricker, De düdesche Schlömer (1584) V. 2545.

381 vgl. auch 1521.

391 wörtlich bei Wander 4, 568, aber mündlich; die Münchener Sprüche (Seiler, Zs.f.dt.Phil. 48, 88) haben nur das entferntere *Der lützel kan der hat pald ausgesungen.*

399 nur entfernt Tunnicius Nr. 1182: *Wult du hebben gebot unde bevel, reger dy sülven.*

413 über die Abneigung der Devotia moderna gegen die mehrstimmige Kirchenmusik und die Orgel s. Huizinga, Herfsttijd der Middeleeuwen (Verzamelde Werken 3, 1949), S. 326 u. 334f.

421 vgl. Jente Nr. 50, *revêre* ebd. Nr. 51.

437 zum 2. Teil und gegen die Änderung Walthers vgl. das von Wander 1, 1272 aus Eichwald Nr. 546 angeführte *Se könnt keene like Fore tohope plögen,* s. auch A. Lasch, Nd. Kbl. 39, 18.

439 vgl. *Wer da ze palde lauft, Das der auch dester ofter straucht* bei Vintler (Zingerle S. 86).

457 vgl. die bei Wander 4, 1663 aus Tappius, Franck u. a. nachgewiesenen Belege.

481 wahrscheinlich ist der Doppelsinn von *eygen* im Spiel, je nachdem es auf *dak* oder auf *man* bezogen wird.

487 wörtlich bei Eichwald Nr. 1943 (Wander 5, 505).

499 vgl. 562 und 942.

509 vgl. Jente Nr. 93.

519 vgl. Jente Nr. 484, Tunnicius Nr. 698: *De vorsch sprinckt wedder in den pol, Al sete he ok up einem groten stol;* s. auch 636, zu *drögen* vgl 1440.

521 vgl. das Lied *Nu höret und market* (s. o. S. 3) Str. 3: *Ok Makeplank und Magerkol Gemaket hebben einen wol; duvendop* neben *dudendop* (A. Lasch, Nd. Kbl. 39, 18 und Mnd. Handwb. 1, 491 u. 501).

523 in der Streitliteratur der Gegenreformationszeit erscheint 1571

bei dem Gießener Pfarrer Georg Nigrinus: ... *du wöllest alle namen, so auff ein ANUS gehen, zu eseln und zu stulkössen machen* (Dt. Wb. X 4, 359, vgl. Goedeke 2, § 163 III 6) als Antwort auf *Du waißt wol das ANUS ain alte vettel haißt / oder die schönen rothen wänglein / darauff die Adams kinder zu sitzen pflegen* (vgl. Goedeke 2, § 163 I 9); sollte Bote bereits diese Doppelbedeutung von *stôlküssen* im Auge gehabt haben?

525 der Gedanke auch in Jente Nr. 581 (Prov. Comm. 556: *Old vede* [statt *vrede*] *wort lichtelic vernuwet*); zum 2. Teil vgl. Simon Pauli, Postilla 1572 (Wander 2, 738). S. noch 1446.

538 vgl. Jente Nr. 734.

546 s. Zingerle S. 25 (Conrad von Haslau); Franck 1, 36: *Ungebetener dienst hat wenig dancks;* anders Tunnicius Nr. 124: *Geboden denst is unwert.* Vgl. 286.

562 vgl. 499 und 942.

566 wörtlich bei Eichwald Nr. 335 (Wander 4, 1158).

568 Agricola Nr. 727, ähnlich Franck 1, 5.

588 vgl. 770 und 1033.

592 in der allgemeinen Form *Curritur in glacie vehementer ab insipiente* Prov. Henrici (Seiler 93).

612 anklingend Luther Nr. 363.

614 vgl. das Lied *Fründe market jung und old* (s. o. S. 3) Str. 17: *... dat menigem de wide ers to enge ward* (Schneider S. 71).

618 die Lesart wird gestützt durch das bei Petri und Henisch überlieferte *Einen Hauswirt ist wohl zu speisen, aber übel zu betten* (Wander 2, 437).

636 vgl. 519.

651 nur entfernt vergleichbar Jente Nr. 187 (Tunnicius Nr. 304: *We högest klimmet brikt ersten den hals*).

663 Erklärungsversuch Wolff-Festschr. S. 311 Anm. 78; der Reim *prekelde:heckelde* auch in Des Engels Unterweisungen (ed. Inge Peters, 1914) V. 1549f. (vgl. Erik Rooth, Niederdt. Mitt. 15, 1962, 81).

671 einen Schritt weiter gehen die bei Singer 3, 10 verzeichneten Fassungen.

677 vgl. 1598.

689 vgl. Jente Nr. 799; da *gôdes* nur hier mit *o* geschrieben ist, vermutet Walther mit Recht einen Fehler (für *yo des* „um so“?).

693 vgl. Hans Sachs 19, 113: *Wer mit sein augen wincken thut Der hat böß in seinn sinn und mut* (1564), ähnlich 19, 296 (1563).

701 *hövesche munt* doppelsinnig, vgl. Cordes im Mnd. Handwb. 2, 370.

707 zu den Freundes-Sprüchen vgl. 1240.
711 dazu Eulenspiegel Hist. 45 (Walther, Nd. Jb. 19, 47); zur Erklärung s. Leitzmann, PBB. 45, 129.

718 vgl. Hans Sachs 19, 107: *Wol dem man frü und spat Der ein tugendsam ehweib hat* (1562).
732 wörtlich Wander 1, 134 (ohne Nachweis).
746 vgl. 100.
754 wörtlich Wander 1, 666 (von Lübben); sonst nur entfernter Zingerle S. 126 (Freidank).
764 vgl. zu 525.
770 vgl. 588.
772 vgl. Lied *Fründe market jung und old* Str. 26: ... *de dat recht wil krümmen* (Schneider S. 71); vgl. Wolff-Festschr. S. 300.
776 vgl. 970; da *schricken* sonst nur intransitiv vorkommt, fragt A. Hübner im Mnd. Handwb. 3, 145, ob *sik* fehlen kann.
788 Gegenstück zu 2130.
790 fast wörtlich mit Eichwald Nr. 765 und Körte Nr. 2722 (Wander 2, 473).
794 vgl. Zingerle S. 65 (Colmarer Liederhs.).
796 vgl. 1827.

811 vgl. 344; dazu Jente Nr. 402 (Tunnicius Nr. 555: *He möt wide gapen de tegen den oven wil gapen*).
823 vgl. Burkard Waldis, De parabell vam vorlorn sohn (1527) V. 1716: *Dem eynen beddeler ys alltydt leydt Dat de ander vör der dören steyth* (Schröder 44, 338); s. auch Seiler, Zs.f.dt.Phil. 45, 244. Zum Syntaktischen vgl. 1813.
829 vgl. Jente Nr. 221; Murmellius (Germ. 35, 401): *Eygen lavinge is gehatet.*
833 vgl. Jente Nr. 695; Reimb. V. 995: *Des kümt vaken vele an den dach Dat under dem sne vorborgen lach.*
841 vgl. Renner 8426f.: *Selten wir gesehen haben Swarze swanen und wize raben* (Zingerle S. 115)
859 vgl. 2041.
861 Erweiterung von Jente Nr. 720 (Prov. Comm. Nr. 673: *Dat was ghud beer man eth is uthe*).
869 vgl. Jente Nr. 667.
873 *under ogen* s. auch 1118.
875 s. ausführlich Jente Nr. 778; Normalform z. B. Prov. Comm. Nr. 725: *We was de eddel man do Adam grof unde Eva span?* Nebensatz vorausgestellt Reimb. V. 364.

877 vgl. Wolff-Festschr. S. 317 m. Anm. 86; Krogmann, Zs.f.Maf. 27, 255.
883 s. die Nachweise zu 130; mnld. *Dic vint men dat men heeft ghesocht* Schröder 44, 339 (Drie daghen here). Zu Eulenspiegel Hist. 5 (*wazů sich einer begibt das würt im sein lebtag gnůg)* s. Walther, Nd. Jb. 19, 28.

928 vgl. 1142.
932 vgl. Jente Nr. 78.
938 s. Tunnicius Nr. 804: *Nein dinck so slim, it sy al war gut to;* vgl. auch Klapper Nr. 108: *Is ist ny keyn ungelucke, is ist io gelucke dobey.* S. auch 1721.
942 vgl. 499 und 562.
962 s. Luther Nr. 362: *Wer mit eulen beizt fehet meuse;* Prov. Comm. Nr. 236: *De myt catten jaghet de vanghet gherne müse* (Jente Nr. 237); vgl. auch zu 1174.
970 vgl. 776.
974 vgl. 1656 und 1900.
976 fehlt Prov. Comm.; Luther Nr. 24, vgl. die Nachweise Thiele S. 51 ff.; Tunnicius Nr. 1269: *Den klaren dagen unde lachenden heren is quat to löven;* Seiler, Zs.f.dt.Phil. 45, 253; Bebel Nr. 40; Franck 1, 77 u. 179; Reimb. V. 1511 = 1823; Zimm. Chron. 4, 175. S. noch 988.
980 zur Auslegung s. Wolff-Festschr. S. 304 m. Anm. 66; verwandt Zingerle S. 37: *Ich wil din, tohter, hüeten nicht, Din staeter muot din hüeten muoz* (Winsbekin).
988 vgl. 976, der wohl auch BS zu der (nicht gesicherten) Ergänzung veranlaßt hat.
990 Abwandlung von Prov. Comm. Nr. 399: *He is lange dod de to jar starff* (Jente Nr. 405).
1004 für den 1. Teil s. Zingerle S. 63f. (Morolf, Helbling); Singer 3, 88.
1006 vgl. Klapper Nr. 257: *Eyn ald weyb und eyne schossilkorb do is wenig frewden ynne.*
1008 vgl. 2071.
1014 vgl. Tunnicius Nr. 1098: *Ein schön angesichte vorköft wol einen schorfden ers.*

1025 vgl. 1049.
1027 Matth. 23, 12.
1029 vgl. 1902; Jente Nr. 668.
1033 vgl. 588.
1039 vgl. Radbuch VI 2 (Nd. Jb. 16, 24): *de den eddeldoem doch nee ghewan* (Schneider S. 70f.).

1043 vgl. 1781.
1049 vgl. 1025.
1051 der Gedanke auch bei Franck 1, 41: *Man glaubt an keynen scheissenden heiligen* mit dem Zusatz ... *das man auff die lebendigen heilgen wenig helt...;* vgl. auch Bebel Nr. 571 und Zimm. Chron. 3, 88.
1065 schon lat. *Dulcior exquisita manu vindicta videtur* Fecunda ratis (Seiler. Zs. f. dt. Phil. 45, 267).
1067 vgl. Wolff-Festschr. S. 307.
1073 vgl. 2107; Jente Nr. 264.
1077 s. auch 86.
1103 entspricht *Dat wil nicht ser drönen dar de duven dansen* (A. Lasch im Mnd. Handwb. 1, 500).
1109 die Besserung *nicht dede* unter Streichung des *it:* A. Lasch, Nd. Kbl. 44, 60.
1111 ähnliche Belege bei Wander 1, 1183 aus Tappius, Franck u. a.; zu 1114 vgl. Radbuch XI 196 (Nd. Jb. 16, 39): *Dat moet wol guet beer syn* (Schneider S. 71), zur Stelle Damköhler 54, 34.

1115 zu diesem überall verbreiteten Sprichwort Jente Nr. 773. Das schwer erklärbare *yüten* muß sicher auf die Frauen bezogen werden (BS), fraglich ist, ob *jûten* eingesetzt werden darf, da der Name *Judith* durchweg >*Jütte* gekürzt erscheint (E. Schröder, Deutsche Namenkunde[2], 1944, 134 u. 144); es müßte dann ein mnd. **mütten* „putzen" (mhd. *mutzen*) vorausgesetzt werden. Die Emendation Seelmanns wird aber doch wohl unnötig sein. *under ogen* 1118 s. auch 873; zur Stelle Leitzmann, PBB. 45, 129.
1120 Damköhler weist 63, 192 zum Gedanken auf Reinke Vos V. 232 hin.
1128 BS verweisen auf das „Lügenlied", das auch in nd. Fassung überliefert ist (Paul Alpers, Alte niederdeutsche Volkslieder, 2. Aufl. 1960, Nr. 72) Str. 2: *Ein ambolt und ein mölenstein De schwimmeden beide aver den Rin.*
1136 zum sehr zahlreich belegten 1. Teil s. Jente Nr. 293, insbes. Eulenspiegel Hist. 18; zur zweigliedrigen Form vgl. Reinke Vos V. 4165.
1138 vgl. Jente Nr. 454 (Prov. Comm. Nr. 449: *Lychte börden swaren up veren weghen*).
1142 vgl. 928.
1144 ist (mit BS) schon an das „Bänkchen" des „Avisensängers" zu denken, das von den Gehilfen festgehalten wird? oder ist *seyger* zu lesen?
1146 die Normalform dieses einzigen „apologetischen" Sprichworts

bei Bote zeigt als 2. Teil die schon in den Prov. Henrici erscheinende Fassung *male quando natavit* (Seiler S. 88), vgl. Jente Nr. 664; zur Form überhaupt Winfried Hofmann, Das rheinische Sagwort (Quellen und Studien zur Volkskunde 2, 1959) S. 21 ff. (mit Literatur).

1150 Walther verweist auf die zweite Taufe Eulenspiegels in der *lache*, nld. *waterken* (Hist. 1).

1170 fast wörtlich bei Wander 2, 486 (ohne Nachweis).

1174 Umkehrung des verbreiteten *Myt vössen ys quaet vösse vangen* Tunnicius Nr. 882 (Jente Nr. 656), ferner Zimm. Chron. 2, 396 u. 627.

1182 anklingend Agricola Nr. 229: *He hefft gudt unde muth verloren.*

1184 der Gedanke ist oft belegt, vgl. Zingerle S. 118; Singer 3, 64; Seiler, Zs. f. dt. Phil. 45, 241; Schröder 43, 412 (Redentiner Osterspiel V. 1993). Doch ist der Zusammenhang mit *geboren* vor Bote nicht nachzuweisen.

1188 zur Rätselform Seelmann in der Anm.

1192 ähnlich schon Fecunda ratis: *Non suspendetur se iudice quisque latronum* (Seiler, Zs. f. dt. Phil. 45, 245).

1194 vgl. Wolff-Festschr. S. 305 u. 316.

1196 vgl. 1839.

1200 obwohl *amborst* „Asthma" belegt ist (A. Lasch im Mnd. Handwb. 1, 70), wird hier die Bezeichnung der Waffe anzunehmen sein.

1208 vgl. Wolff-Festschr. S. 309.

1222 vgl. Tunnicius Nr. 1324: *It is genoch dem schulten dat he geit boven den buren;* zu *hogreve* Wolff-Festschr. S. 311 m. Anm. 81.

1226 die Erklärung bei BS („der versuchte einen scheußlichen Anschlag") kann nicht befriedigen, da ja der Finder Neidhard ein „Fundstück" findet, es aber nicht selbst niedergelegt hat.

1238 s. A. Lasch im Mnd. Handw. 1, 488 f.

1240 vgl. 707; das Sprichwort ist weit verbreitet (s. auch Jente Nr. 430), in der bei Bote vorliegenden Form mehrfach im Reimb. (V. 100, 2325, vgl. auch 2512), der 4. Vers ist Zusatz des Dichters (Damköhler 54, 34).

1244 *utgelesen* ist hier wohl als „abgelegt, ausrangiert" aufzufassen, nur so ergibt sich ein didaktischer Sinn, wie er später zum Ausdruck gebracht wird, zuerst bei Seybold: *Unter einem schlechten Hut steckt oft ein gescheiter Kopf* (Wander 2, 943). Der Filzhut gilt als eine minderwertige Kopfbedeckung, vgl. Cordes im Mnd. Handwb. 1, 721. S. noch Wolff-Festschr. S. 310.

1247 in den Formen *Gewalt geet vor recht* (z. B. Klapper Nr. 445, auch Hans Sachs 20, 259 [1556] u. ö.) und *Als gewalt kümt so is dat recht dot* (z. B. Tunnicius Nr. 39) schon allgemein, Jente Nr. 22; s. auch Wolff-Festschr. S. 316.

1261 Gegenstück zu 308 und 332.

1279 *twe kole in eynem gropen* u. ähnl.: Magdeb. Schöppenchron., Fastnachtsspiele usw. (Damköhler 63, 192).

1295 A. Lasch, Nd. Kbl. 44, 60 emendiert *vûrslote unde -dîke;* oder l. *dörslote?* (oder muß *we* 1296 als Subjekt stehen bleiben?).

1311 üblich ist die umgekehrte Vorstellung, vgl. Singer 3, 27.

1315 vgl. Schneider S. 10.

1331 der Grundgedanke Jente Nr. 367 (schon Isengrimus), s. auch Narrenschyp 111, 43: *Selden men sodans myt flyte doet, Dat men maket up vörgetten brod.*

1339 ähnlich Reinke Vos V. 5748:: ... *wor syk twey hunde byten Umme eynen knoken, eyn möd vorlesen* (Damköhler 63, 192).

1343 s. Schulze S. 61 (Prov. Sal. 13, 20); Franck 1, 157: *Bei weisen wirt man weiß,* vgl. noch 1922.

1366 sowohl *bîden* wie *beyden* 1758 ist möglich.

1386 für den 1. Teil klingt schon an *Olla super lapidem cadat aut contra, metus idem* St. Omer (Seiler S. 96), von Wander 2, 1643 für Tappius u. a. nachgewiesen; die besondere Ausführung Botes jedoch nirgends (vgl. BS).

1390 der Gedanke schon bei Gottfried Hagen V. 1788 (Schröder 43, 418).

1394 vgl. 1964; Doppelsinn (Wolff-Festschr. S. 307).

1406 wörtlich nd. bei Wander 5, 267 (ohne Nachweis, vgl. Damköhler 54, 33), ähnlich Luther Nr. 149, s. auch oben 215.

1416 Wander 4, 734: *Spotters dor steit altid apen* aus einem Mskr. von Lübben.

1422 Walther schlägt *lavenysse* (Wortspiel zu *laf* 1771) vor.

1424 zur Form mit nachgestelltem Relativsatz vgl. Seiler S. 187 Nr. 1 i; bei Bote selten, vgl. noch 2006, auch sonst in den älteren Sammlungen nicht häufig (z. B. Tunnicius Nr. 504; Franck 1, 39; Uppsalaer Reimsprüche ed. E. Rooth Nd. Jb. 49, 50 Str. 10 u. 17), nach Eberth S. 24 fehlen sie „bei Brant und in den vorreformatorischen Sammlungen".

1426 fast wörtlich Wander 1, 913 (ohne Nachweis), anklingend Straßburger Hs. (Seiler, Zs. f. dt. Phil. 47, 383); ... *das ir an das ander end machen ein knopff, oder ir stecken manchen stich umb sunst* Eulenspiegel Hist. 50.

1440 zu *drôge pogge* vgl. 519.

1446 vgl. Jente Nr. 139 mit der normalen Form *Bether olde schult wen olde veyde* (Prov. Comm. Nr. 138), s. auch 525. Zur syntaktischen

Frage Wolff-Festschr. S. 296f. m. Anm. 37 u. 42; wahrscheinlicher ist nach der Normalform doch Präs. Ind. („lieber nehme ich alte Schuld auf mich…"), deshalb wird auch Schneiders Erklärung (S. 66) zu weit gehen.

1449 angeregt durch die Form Jente Nr. 32 (Tunnicius Nr. 43: *Als it wol wil, so kalvet de osse*), vgl. Wolff-Festschr. S. 300f.

1461 *to mâte* muß hier „mäßig, wenig" bedeuten, vgl. *Ein schlechter Hering gibt 'nen guten Pökling* Wander 2, 531.

1481 scheint ein Rätsel zu enthalten.

1489 der gleiche Gedanke Tunnicius Nr. 92: *De synen meister nicht hören wil, de möt den bödel hören* (auch Agricola Nr. 94).

1507 entfernt zu Jente Nr. 762: *We dem lande dar de her is ein kint* (Tunnicius Nr. 1043).

1515 vgl. Hans Sachs 9, 492: *Wer umb ablaß hin zeucht gen Rom, Der bringt ein leren bewtl zurissen Und darzu gar ein böß gewissen* (1559).

1521 vgl. 381.

1529 MSD 1³ S. 99: *Largus dives erit et avarus semper egebit* (Seiler, Zs.d.dt.Phil. 45, 264).

1556 für Beibehaltung von *byt* A. Lasch, Nd. Kbl. 44, 60.

1567 anders Jente Nr. 632: *It vloch ny vogel so hoge, he en söchte syne neringe van der erden* (Tunnicius Nr. 943).

1591 zu *insicht* vgl. Wolff-Festschr. S. 294 Anm. 30.

1598 vgl. 677.

1600 vgl. 2033.

1628 vgl. 185.

1638 ältere Normalform *En junk engelken wert wol ein olt düvel* Tunnicius Nr. 80 (Wander 1, 820 bringt einen Beleg aus Süderdithmarschen).

1644 vgl. Wolff-Festschr. S. 317 Anm. 85: Hans Sachs (Neudrucke 31/32, 76) *und wol'z* (= zwei alte Weiber) *mit grüenen rawten pstecken* (1549); über Raute als Zauberkraut s. Marzell im Handwb. d.dt. Aberglaubens 7, 542ff.

1652 ähnlich Franck 1, 26: *Der einn erwürgt / darff 10 ermorden.*

1656 vgl. Boner 14, 37: *Wer mit toren spotten wil, Der muoz ouch dulden narrenspil* (Zingerle S. 147); s. noch 974 und 1900.

1660 ältere Fassung nur *So iz wat so wagot iz* (MSD 1³ S. 58), vgl. Seiler, Zs.f.dt.Phil. 45, 283. Bezug auf einen hohen Baum erst seit Sailer nachzuweisen (Wander 1, 277).

1664 vgl. 64; Wolff-Festschr. S. 299 Anm. 53.

1666 vgl. Jente Nr. 651: *Nümmant sal synen vyent to kleine achten* (Tunnicius Nr. 1241).

1672 s. Wolff-Festschr. S. 311 m. Anm. 80.
1674 sehr oft, vgl. Luther Nr. 29, Eberth S. 49, Singer 3, 87.
1678 ähnlich *Wat eyn jo don möt Dat is dicke mate gud* Theophilus H V. 136 (Schröder 44, 341).
1686 vgl. 1759.
1690 wörtlich bei Eichwald Nr. 1587 (Wander 3, 1696).
1696 vgl. 26.
1706 über den Doppelsinn s. Anm. bei BS; Luther Nr. 364: *Fischen auff treugem lande,* doch dazu Thiele S. 332.

1721 vgl. 938.
1723 vgl. 2245
1729 *gemachet friunt* Freidank 95, 16 im guten Sinne.
1733 *Der Häher ist der vögel spott:* Burkard Waldis, Fabel 4, 38 (Wander 2, 456).
1759 vgl. 1686.
1763 Jente Nr. 176 (Tunnicius Nr. 1177: *Dar nicht en is dar kan men nicht nemen*).
1769 vgl. 730.
1773 verbreitet ist der Vergleich, meist zwischen Esel und Nachtigal (z. B. Zingerle S. 106, Seiler S. 99, Tunnicius Nr. 1326 lat. = Bebel Nr. 538); s. noch 1228.
1779 für Gottfried Hagen V. 2913 nachgewiesen bei Schröder 43, 416, doch steht hier *verwint* statt *vorwart,* die Bedeutung „überdauert" (BS) ist daher nicht möglich, s. auch A. Lasch, Nd. Kbl. 39, 18f. Zu *eyken – linden* s. auch zu 239.
1781 vgl. 1043.
1791 zum Gedanken schon bei Zingerle S. 160 u. 199.
1797 nur entfernt anklingend an die sehr verbreitete Form Jente Nr. 799.
1809 vgl. 2079.
1811 der Reim 1812/13 ist rein, wenn *honnikoken* als Plural aufgefaßt wird.
1813 verwandt die Form Jente Nr. 236 („vulgar form" bei Tunnicius Nr. 396: *Van druwen stervet nümmant*). Zum Syntaktischen s. Wolff-Festschr. S. 315, Anm. 83.
1815 vgl. *Man sol die seck nit mit seiden nehen* Franck 2, 89, schon lat. bei Seiler S. 97.
1827 verwandt mit Jente Nr. 400 (Prov. Comm. Nr. 395: *Holdet juw brod, juw kamen eygere*). Vgl. auch 796.
1829 ähnlich 2053.
1831 Wortspiel mit dem Doppelsinn von *sîde?* (vgl. Wolff-Festschr. S. 310).

1833 A. Lasch im Mnd. Handwb. 2, 124 entscheidet sich für *glump* (unerklärt) und läßt *wîn* (nicht *win*) gelten.
1839 vgl. 1196.
1847 zum Fuchsschwanz vgl. auch 1998 und 2231; meist mit der Glocke verbunden, doch vgl. zu 2055.
1849 nur bei Luther Nr. 19: *Ein guter anheber ist aller ehren* [*wert*] (erst bei Petri mit *Anfänger,* Thiele S. 49).
1859 vgl. Damköhler 54, 34 (1861/62 Zusatz Botes), Schneider S. 66 (Bezug auf die Braunschweiger Ereignisse), Wolff-Festschr. S. 312.

1863 bringt Wander 2, 755 mit 2 Zeilen wörtlich aus dem „Oberharz".
1882 vgl. Cato V. 443 (Nd. Jb. 23, 22): ... *sachtmödich also en rode De dar vör dem winde bücht*
1900 vgl. 974 und 1656.
1902 vgl. 1029.
1920 vgl. Tunnicius Nr. 787: *Ein gut wert begert gude geste.*
1922 vgl. Jente Nr. 230 (Prov. Comm. Nr. 229: *De myd den guden ummegheyd werd des gerne ghebeterd*), negativ Murmellius Nr. 44 (Germ 35, 402): *Du salst selver quait werden, ist saick dat du omgeyst mit den quaden.* S. noch 1343.
1924 vgl. Tunnicius Nr. 1348: *Up slichter erden envelt men nicht bolde;* auch bei Brant (Ebert S. 40). Mit *bank* erst jünger belegt (Wander 1, 228).
1926 vgl. 693.
1932 vgl. Agricola Nr. 356: *Du mußt mich lang spotten, biß du mir ein ohr abspottest.*
1938 das oft belegte Sprichwort fehlt in den Prov. Comm.; Schulze S. 103 (Eccl. 9, 14); Agricola Nr. 145; Franck 1, 7 u. 2, 5; Zingerle S. 41 (Renner).

1943 s. Wolff-Festschr. S. 296, Anm. 38.
1948 Jente Nr. 261.
1950 fehlt Prov. Comm.; Zingerle S. 84 (Krähe) u. 115; Singer 3, 104; Seiler, Zs.f.dt.Phil. 45, 242; Tunnicius Nr. 530: *Den raven kan men nicht wit waschen;* s. auch Reimb. V. 695.
1952 zur Erklärung Wolff-Festschr. S. 316, Anm. 84.
1956 vgl. Jente Nr. 751 (Prov. Comm.: *Wor de paves is dar is Rome*).
1970 das später allgemeine „Wer einmal lügt..." schon bei Hans Sachs 3, 373: *Darwider das sprichwort bezeugt Das do saget: Wer geren leugt Demselben gelaubt man dest minder* (1533); Umkehrung s. 2255.
1972 vgl. 2184.

1978 s. Wolff-Festschr. S. 311.
1992 vgl. 126.
1998 vgl. zu 1847.
2006 vgl. Tunnicius Nr. 1166: *De swygen kan dat is de beste man.* Zur Form 1424.

2015 nach Schneiders Berechnung (S. 27) 1517 und 1524, doch sind seine Gründe für 1524 (S. 72) nicht stichhaltig, vor allem weil die Hannov. Hs. der Weltchronik ebenfalls 1520 schließt (vgl. Braunschw. Jb. 33, 94).
2021 vgl. *De narren schölde men werpen mit lungen De unnütte bruken munt unde tungen* Narrenschyp 19 a/b (BS). Zur Bedeutung von *lunge* beruft sich Köstlin (Zs. f. dt. Phil. 24, 37f.) auf Luthers Erläuterung *pilis ex stercore equino confectis*, Spanier (ebd. 285f.) ergänzt den Beleg durch Murner, Narrenbuch 68. 40, wo es aber neben *kutlen* erscheint, also „Lunge" bedeuten muß; vgl. dagegen Schambach, Göttingen-Grubenhagensches Wb. *lunge* = *lôdere* „der junge Schößling am Baume", Kück, Lüneburger Wb. *lungenspîle, -sprütten* „natürlicher Holzzweig, Sproß mit mehreren Gabelungen (für die gekochte Lunge)"; die Verbindung mit *krûde unde grase* legt letztere Bedeutung nahe. Zu *queste* s. auch 2218 *(rîse!)* und 2289.
2029 zur Erklärung Wolff-Festschr. S. 311.
2033 vgl. 1600.
2041 vgl. 859.
2045 vgl. Franck 1, 77: *Große hern / alten / und weit gewanderten liegen mit gewalt;* Bebel Nr. 42; weiter ab Jente Nr. 196.
2047 vgl. 106.
2053 vgl. 1829; Jente Nr. 512.
2055 Anspielung auf die Glocke mit dem Fuchsschwanz (s. noch 1847), vgl. A. Risse S. 361, Anm. 6; Singer 3, 86f.; Narrenschyp 41 a/b: *Wor de klocke van ladder is Unde de kneppel eyn vosstert is.*
2071 vgl. 1008.
2075 Wortspiel mit Doppelsinn von *över?* (vgl. Wolff-Festschr. S. 310).
2079 ähnlich *Kein weiser man thut ein kleine dorheit* Zimm. Chron. 3, 262; 3, 503; 4, 45. S. noch 1809.
2089 anklingend Luther Nr. 173: *Wo die hunde bellen ists dorff nicht wust.*
2095 Wander 4, 581 aus Oldenburg: *Wer god sitt lat dat Rücken.*
2103 vgl. Braunschweiger Schichtspiel (Chron d. dt. St. 16) V. 1284: *Sus heedt eyn düvel den anderen: „Glypoghe, wultu wanderen!"*
2107 vgl. 1073.

2115 vgl. Reimb. 2176: *Tidt stede unde stunde, Veldt hasen und hunde Maken mennigen wilden* (!) *man.*

2130 Gegenstück 788.

2142 vgl. Wolff-Festschr. S. 318; bei Wander 5, 163 ohne Nachweis: *Die Welt ist ein Heuschober, jeder rupft daran was er kriegen kann.*

2168 s. Schulze S. 107 (Eccles. 11, 34), ferner Jente Nr. 731.

2182 vgl. Zingerle S. 22: *Qui mittit stultum differt sua commoda multum* Liber sententiarum (Zs. f. dt. Alt. 6, 305).

2184 Doppelsinn von *küst:* zu *küssen* oder *kêsen* (vgl. *küst* 906, *kôs* 1972).

2188 das verbreitete Sprichwort fehlt Prov. Comm.; vgl. Zingerle S. 136; Franck 1, 73 u. 145; Luther Nr. 372; Seiler, Zs. f. dt. Phil. 45, 260.

2194 vgl. Wolff-Festschr. S. 317.

2196 Umkehrung von Agricola Nr. 235: *Altho scharp maket schardich.*

2200 vgl. Zingerle S. 71 f. (Suchenwirt, Walther); Simon Pauli, Postilla 1572: *Das Honig auf der Zungen aber die Galle bey dem Hertzen haben* (Wander 2, 767).

2214 vgl. 350.

2218 vgl. 2021 *(rîse = lungen?)* und 2289.

2224 Wander 1, 1635 weist den Gedanken erst für Henisch (1616) nach; 2226 ist jedenfalls wieder Zusatz Botes.

2231 vgl. zu 1847.

2243 vgl. Daniel von Soest V. 219 (Jostes S. 120): *Vor gedaen und na bedacht Heft manchen in not und sorge bracht* (Damköhler 63, 191).

2245 vgl. 1723.

2251 Umkehrung von Jente Nr. 790 (Prov. Comm.: *Se slapen nycht al dede snorken*).

2255 Umkehrung von 1970, s. d.

2257 Wortspiel *hâr – har* „Dengelzeug" (BS); *har spalten* Franck 1, 71, bei Murner *herlyn spalten* „betrügen" (A. Risse S. 364).

2259 der Name Dietrichs von Bern war Bote bekannt, wie die Eintragung in die Braunschweiger (Halberstädter) Hs. der Weltchronik (s. o. S. 2) zeigt; vgl. dazu W. Seelmann, Gerhard von Minden (Nd. Denkm. II, 1878) S. XIII; R. Holtzmann in: Sachsen und Anhalt 1 (1925), 1 ff.

2281 der 1. Teil bei Wander 2, 773 z. B. schon für Tappius nachgewiesen; Bote hat mit dem 2. Teil den Doppelsinn hineingebracht.

2287 eine engl. Parallele des 14. Jh. zeigt Singer 3, 128.

2289 vgl. 2021 und 2218.

GLOSSAR

achter 347, adv., zurück, *to a. komen* in Rückstand kommen
afâsen 964, swv., ausschimpfen
afroten 813, swv., abfaulen
anbesten 2206, swv., mit Bast befestigen, *sik wat a. lâten* sich etwas anhängen lassen
anhever 1849, m., Antreiber
apulle 327, f., Altarkanne
austappel 1131, m., Augustapfel
bane 836, f., freies Feld
barke (berke) 839, n., Stück Birkenholz
barme 2172, m., Bierhefe
barsen (bersen) 1107, swv., pirschen
beckerkrücke 221, f., Glutrechen für den Backofen
beckerschôf 1408, m., stroherner Backofenbesen
benauwen (-nouwen) 124, swv., bedrücken
beposten 1499, swv., Pfähle einschlagen
beraken 833, swv., verscharren
bêseke 1885, m., Bienchen
besmitten 8, swv., beschmutzen
bewarken (-werken) 513, swv., überziehen
bicken 1353, swv., durch Picken aufspringen
binden 69, stv., anbinden, *to beyne b.* sich zuziehen
bîsterlik 1941, adj., irrig
bladen 2219, swv., entblättern
blak 926, n., schwarze Tinte
bôde 598, f., a) Nebengebäude, b) Verkaufsbude
bokemöle 1004, f., Stampfmühle
boken 1281, swv., (Flachs) durch Schlagen brechen
bolder(e)n 1005, swv., poltern
bölken 700, swv., brüllen
bômkanne 1270, f., durch Aushöhlen hergestellte hölzerne Kanne
böne 2019, f., Söller
bônenpümpel 744, m., Bohnenstampfer
bordêren 676, 768, swv., turnieren
bôssel(e)n 1865, 1873, swv., kegeln
bo̊ten 1388, swv., ausbessern
brake 1539, f., Gesträuch
brâschen 1517, 2031, swv., lärmen
breydeworm 868, m., Kröte
bregen 611, n. (m.), Gehirn
bregenpanne 2124, f., Hirnschale
bret 775, n., a) Anschlagtafel, *to brede sîn* bekanntgegeben sein [Schneider], b) Geltung, *to brede sîn* zur Geltung kommen [Lasch]

büchten 658, swv., a) umfassen, b) prahlen
büddenrôf 608, n., Bottichdekkel
bûken 2194, swv., Wäsche in Lauge einweichen
bullen 1449, swv., rindern
bunge 1371, f., Trommel
buschen 2107, swv., a) verstecken, b) ins Gebüsch gehen
dagge 681, m., Dolch
dege 275, m., Gedeihen, *to degen* gründlich
dincpâlen 1542, swv., vor Gericht erscheinen, *sik d. mit* sich gerichtlich auseinandersetzen mit
döffel(e)n (dövelen) 1673, swv., durch Zapfen verbinden, *tohôpe d.* zusammenfügen
donen 126, swv., schwellen
dop 1792, m., Eierschale
dôven 2058, swv., taub machen
drammen 681, swv., lärmend vordringen
drepen 1278, stv., erreichen
drunten 1238, a) npr., Trondheim, b) ppt., angeschwollen
drüppe 2210, f., Traufe
dûmen 1087, swv., mit dem Daumen lenken
dust 2172, m., a) Dost (Origanum), b) Spreu
dûve 783, f., a) Faßdaube, b) Taube
dûvendop 522, m., Hahnrei
eydop 588, 2123, m., Eierschale
eyervlade 1828, m., Eierkuchen
eyslik 1015, 1226, 2235, 2245, adj., häßlich, ekelhaft
elrenborke 2253, f., Erlenrinde
erveschade 1110, m., Erbfehler
even 717, adv., passend, *e. komen* gelegen sein
evendrechtich 405, adj., gleich
vare 438, f., Ackerfurche
vase 1810, f., Unsinn
vese 1616, f., Splitter
viller 825, m., Schinder
vîsten 1373, 2237, swv., furzen
flâge 985, f., a) Strecke, b) Gelegenheit
vleyten (vlöyten) 1283, swv., Flöte blasen
flecke 613, m., Fleck
vorbulder(e)n 1999, swv., a) mit Lärm zerschlagen, b) durch Lärm übertönen
vordômen 640, swv., ins Unglück bringen
voregget 253, ppt., abgestumpft
vorvaren 1116, ppt., kundig
vorhech 1010, n., Pflege
vorlâten 622; 794, stv., 1. übertragen; 2. herauslassen
vornoten 2191, a) ppt., geziert, b) *vörnôte,* m., Grenznachbar
vorschünden 2069, swv., aufhetzen
vorsetten 1862, swv., beilegen
vorslân 1666, stv., veranschlagen, *tô ringe v.* unterschätzen
vorslîten 95, 573, stv., abnutzen
vörslot 1295, n., Vorburg(?) oder l. *vûrslôt,* m., Feuergraben? [Lasch]
vorsmachten 624; 1037, swv., 1. Hungers sterben; 2. durch Hungern absparen
vorsmallen 1277, swv., gering achten
vortogen 1964, n., Verzögerung
vorwegen 1041, stv., erwägen, *sik v.* auf sich nehmen
vostag(g)el 1998, 2231, m., Fuchsschwanz
vrûwenkîke 606, f., Wärmpfanne für Frauen

gâgel(e)n 2080, swv., Unsinn schwatzen
galle 507, f., Pferdekrankheit
garsten (gerstelen) 653, swv. die Außenseite (des ungaren Brotes) bestreichen
genücke 1753, n., Tücke
gest 483, m., Hefe
gille 929, adv., gellend laut
glede 2077, m., Abgleiten
glêt 592, adj., glatt
glevincstake 2274, m., Lanzenschaft
glipôge 2104, n., Schiefauge
glû 819, 845, adj., glänzend sauber
glump 1834, m., passendes Benehmen (?) oder leichter Rausch? [Lasch]
gorre 508, f., schlechtes Pferd
grâl 330, m., a) lärmende Fröhlichkeit, b) Aufruhr
gramme 511, f., Zweitschnitt des Grases
grope 1279, m., Topf
gropensweve 665, m., (flacher) Topfdeckel
grûde 1643, f., heiße Asche
gûste 460, adj., unfruchtbar
hâken 852, swv., festhaken, *sik h.* sich ineinander verflechten
halsrangen 1612, swv., den Hals recken
hegenbûdel 849, m., Heckbeutel
heyke (hoyke) 1314, m., weiter Mantel
heykenspan 2118, n., Mantelspange
heylebare 786, 1969, m., Storch
heckelen 663, swv., a) (Flachs) hecheln, b) höhnisch reden
helle 2025, f., (Hölle), warmer Raum zwischen Ofen und Wand
hellich 1877, adj., ermattet
herden 1849, swv., anspornen
hilde 1077, adj., eilig
hôgrêve 1222, m., Landrichter
höltke 1790, pl., a) Holzstäbchen, b) Holzäpfel
höltkebôm 1130, m., Holzapfelbaum
homan (hoveman) 292, 1784, m., a) Edelmann, b) reitender Kriegsmann
hoppenbant 2249, n., Band zum Anbinden der Hopfenranken
hoppenhacke 90, f., Hacke zum Lockern des Bodens (beim Hopfenbau)
hotte 197, f., Quark
hoverûter 1168, m., Strauchritter
hôvetgat 2208, n., Halskragen
huchtel 1093, f., Wärmpfanne
hûden 1452, swv., verbergen, *sik h.* sich verstecken
hûken 1093, 2204, swv., auf den Knien niederhocken
hülven 1640, swv., laut weinen
hündesch 2008, adj., geizig
hungerharke 512, f., große Nachharke für das geschnittene Feld
hüppelreye 1858, m., Hüpftanz
inkrimpen 1870, swv., zusammenschrumpfen
jûte 1117, f. (npr.?), für *Jütte* = Jutta, Judith?, appellativ für „Frau"
kafhôp 397, m., Haufen Spreu
kakel(e)n 795, swv., gackern
kalverstrütte 1817, n., edlere Eingeweide vom Kalb
kamerlôge 1214, 2105, f., Urin
kappe 957, f., Mönchskutte
karnen (kernen) 1487, swv., durch Einkerbung anmerken
karnûte (kornûte) 303, m., Kamerad

karren (kerren) 565, swv., knarren
karsebere (kerse-) 998, f., Kirsche
kesserlinc (keserlinc) 1158, 1386, m., Kieselstein
kibben 1196, swv., zanken
kîf 315, m., Streit
killen (kellen) 1911, stv., weh tun
kley 1230, m., schwerer Lehmboden
kleyen 756; 748, 1329, swv., 1. kratzen; 2. durch Kratzen ausgraben
klemper(e)n 430, swv., erklettern
klîve 47, f., Klettenfrucht
klockreyp 2250, m., Glockenseil
klüftich 177, adj., gut zu spalten
knick 984, m., Buschzaun
knipken 1332, n., Fingerschnippen
knippelsteyn 1931, m., Marmel
koggeltimpe (kogel-) 1202, m., Kapuzenzipfel
kökemeyster 1937, m., a) Oberkoch, b) mit der Aufsicht über die Küche beauftragter Ratsherr
kôlstock 357, m., Stengel der Kohlpflanze
kolte 1682, f., Bettdecke
korde 446, f., a) Schnur, b) Säbel
kornôte 1333, a) m., gewählter Richter, b) *kôrnôte*, f., Gesangsnote (?)
krankedage 10, pl., Krankheit
kreysen 257, swv., durch Einkreisen jagen (?)
krêke 600, f., Kriechenpflaume
krempen 1624, swv. Wolle auskämmen
kretten 25; 803; 2098, swv., 1. verärgern; 2. reizen; 3. *sik k.* sich streiten
krîme 879, f., Würze
kröppen 952, swv., gut ernähren
krôs 1101, m., Krug
krûsel 1217, m., kleine Öllampe
krût 896, n., Heilkraut
kûkedôl 1800, Eidotter (?)
kuntôr 2240, n., Schreibtisch
kûsel 1218, m., Brummkreisel
kûter 1167, m., Schlachter, Metzger
lach 986, n., Gelage
laf 1771, n., Lab (Mittel zum Säuern der Milch)
lak 2262, m., Makel
lappen 541, 1388, swv., flicken
leymenklicker 1191, m., Lehmstreicher
lôde 2175, n., Flintenkugel
loden 2038, pl., Fetzen
lunge 2021, f., junger Zweig (?)
massel (masel) 1094, f., roter Hautfleck
mat 1496, n., Metze (Getreidemaß)
mauwe (mouwe) 1444, f., Ärmel
melm 590, m., feingeriebener Sand
merde 1504, n., Dreck, *nicht eyn m.* nicht das geringste
micke 142, f., kleines Weißbrot
milde 1529, f., Freigebigkeit
mudde 1369, f., Schlamm
mûten 1118, swv., (das Gesicht) waschen (?) oder sich mausern? l. *mütten* putzen?
nâtelrême 1096, m., Hosenriemen mit Dornschnalle
nauwen (nouwen) 2171, swv., zu nahe rücken
neddervellich 1878, adj., im Zeugenbeweis unterlegen
neren 1192, swv., a) retten, b) ernähren
never 2241, m., großer Bohrer
nücke 132, 1860, f., Heimtücke

ölystemper 431, m., Ölstampfer
ösen 2154, swv., ausschöpfen
ovenstake 221, m., Schürstange
o͞ver 913, n. (m.), Ufer.
övergeven 1042; 1657, stv., 1. aufgeben; 2. *sik ö.* zugestehen
överkepsch 914, adj., überdreht
överpaget 212, ppt., überzahlt (?)
pagenkop 1524, m., Pferdekopf
pagenref 1823, n., Pferdekadaver
pâlen 750, 1500, swv., (Pfähle) einschlagen
palle 807. f., (Altardecke), Badelaken (?)
palm 1018, m., Palmsonntag
pant 1322, Jagdnetz (?)
pîpe 910, f., männliches Glied
planc 521, m., Zank
plate 352, f., Brustharnisch
platensleger 781, m., Harnischmacher
plôchwede 770, f., Weidenrute zur Verbindung des Pflugbaums mit dem Fahrgestell
plünden 540, 859, 1388, pl., Lumpen
plûter(e)n 1096, swv., schütteln? oder sich anstrengen? [Borchling]
polterlappen 704, pl., Flicklappen
portêke (par-) 238, f., Armenspende
post (porst) 1291, m., Gagel (Myrica gale)
preckel(e)n 662, swv., prickeln
pröttel(e)n (prötelen) 795, swv., plappern
pröven 33, 379, swv., erfahren
prûnen 541, swv., zusammennähen
pucker 576, m., Trommelschläger
punger (bunger) 576, m., Paukenschläger
pünte 721, f., befriedigendes Ziel, *in gûder p.* in gutem Zustande
pûster 212, m., Blasrohr
pütte 530, f., Pfütze
quant 1495, m., nichtiges Zeug
quede 1267, f., Quitte
quek (quik) 1023, n., Vieh
quere 1390, adj., zahm
raken 76, swv., scharren
râmen 455, swv., ausführen
rassel(e)n 1095, swv., lärmen (?) oder gewinnen? [Walther]
reyde 1111; 1930, 1020, adj., 1. fertig; 2. bar, *r. över*
reyde 1570, 1720, 1843, 1924, 2278, adv., bereits
rengen 994, swv., recken, *sik r.* sich räkeln (?) oder im Scherz ringen
repen 158; 429, swv., 1. bewegen, *sik r.* sich fortmachen; 2. steigen
rick 983, n., Kleiderstange
rîm 878, m., Reimspiel
rîn 1189, m., a) Mühleisen, b) Rhein
risch 1189, adv., flink
röchte (rüchte) 864, n., klagender Alarmruf bei frischer Tat
rôrdum 1774, m., Rohrdommel (Ardea stellaris)
rosbore 706, f., Sänfte
rump 266, m., Getreidetrichter
salter 1053, m., a) Psalter, b) Blättermagen des Rindes
schacht 1500, m., Pfahl
schantlappe 603, m., Streifen im Kleid zur Kennzeichnung der Dirnen
scheyden 205; 1839, swv., 1. entscheiden (?); 2. trennen
schete 1258, m., Furz
scheve 664, f., a) holzige Teile des Flachses, b) Makel

schicken 778, swv., ordnen, *sik sch.* sich betragen
schiltpadde 284, f., Schildkröte
schôpen 1636, m., Schöpfkelle
schôpinne 593, f., Sohlennagel unter dem Schuh
schorfladdeke (-ladeke) 1421, f., Grindwurz (Rumex)
schörven 273, swv., die Haut kratzen
schôswarte 2253, f., a) Schuhschwärze, b) = mhd. *schozwurz* Eberraute (Artemisia abrotanum)
schöttelbrôt (schötel-) 237, n., Brotschnitte als Speisenunterlage
schove 1307, m., Vogelschwarm
schrâch 1700, adj., kärglich
schrapen 275, swv., jucken
schrull 466, m., a) Groll, b) Schrulligkeit
schündigen 1479, swv., antreiben, *tohôpe sch.* aufeinanderhetzen
zegenköttel (-kötel) 306, pl., Ziegenexkremente
segger 1732, m., Wortheld
sey 2188, m., Malztreber
zeker 1420, f., Kichererbse
sêmesch 2024, adj., in Öl gegerbt
sîde 1028; 1831, adv., 1. unten; 2. a) unten, b) Subst. Seide (?)
zipolle 2160, f., Zwiebel
slabbas 2213, m., Trunk
slam 398, m., Spreu
slîk 2128, m., zäher Schlamm
slinc 144, n., Schlagbaum
slippe 712, 1852, f., Rockschoß
slîten 1489, swv., schlichten, *sik s.* sich schicken
slô̂ (slê) 600, f., Schlehe
slumpen 1324, swv., durch Zufall gelingen
slûren 611, swv., träge nachhinken
smet (smit) 2034, m., Rutenstreich
smîten 1600, stv., (mit Ruten) schlagen
snake 868, f., Schlange
snar 1760, n., Saite
snat 1496, m., Abstrich vom gehäuften Maß
snaven 1232, swv., stürzen
sneppel (snepel) 2101, m., Schnepel (Schnabelfisch)
snûtlick 948, adj., a) den Mund aufwerfend? [Schneider], b) küssenswert? [Walther]
sôr 737, 1022, adj., verdorrt
spar 1568, f., Stange
sparen 2174, swv., nicht treffen
spat 507, n., Fußkrankheit des Pferdes
spey 1733, adj., übermütig
speyheyt 48, f., geistvoller Spott
spengen 1194, swv., kasteien
spîkerbor 2241, n., Bohrer für Nagellöcher
spille 930, 2145, f., Spindel
spît 48, m., Hohn
sprên 1308, m., Star (Vogel)
spuntvlasche 2140, f., mit einem Zapfen verschlossene Flasche (ohne Hals)
stêdes (stêdisch) 741, adj. widerspenstig
stegel 269, f., Stufentritt zum Übersteigen
steyger 1145, m., Holzgestell?
stekelgerêde 1033, n., Turnierausrüstung
stekelhelm 589, m., Turnierhelm
stekelsper 771, m., Turnierspeer
sticke 1419, m., Zielstab
stipken 1333, n., a) Gerichtsdiener (?) [Woeste], b) Pausenzeichen (?) [BS], c) Pünktchen

stôlküssen 524, n., Sitzkissen
stolt 948; 2261, adj., 1. a) stolz, b) hübsch [Walther]; 2. hübsch
störteramme 1837, f., Fallrammklotz (oder 1. *stoteramme*? SL)
stôtpert 1565, n., frei gehaltenes Pferd
strede 1403, 2076, m., Schritt
stref 1625, adj., a) straff, b) steif
streyfen (stroyfen) 426, swv., abstreifen
strîpe 602, f., Zeugstreifen
strômul 1408, n., Strohabfall
strote 345, 812, f., Kehle
strulle 328, f., Wasserröhre
strumpel(e)n 1233, swv., straucheln
stübbe 1985, n., Staub
stülper 666, m., (gewölbter) Topfdeckel
stût 1724, m., Hintern
sûle 662, f., Schusterpfriem
sûperâ 625, f., Säuferbach
swark (swerk) 932, n., dunkle Wolke
swarve 1561, f., Butterdose
sweyn 628, m., Schweinehirt
swick 141, m., Luftloch am Faß
swinge 934, f., Schwingbrett zum Zerkleinern der Holzteile im Flachs
swöppe (swöpe) 951, 1080, 1525, 1601 f., langstielige Peitsche
swöpstock 382, 2273, m., Peitschenstiel
talmen 1304, swv. Unsinn schwätzen
tant 1495, m., wertloser Kram
taphol 140, n., Spundloch
tau(we) (touwe) 1112, n., Trinkgeschirr
tauwen (touwen) 2018, swv., bereit machen, *sik t.* sich beeilen
telder(e)n 699, swv., im Paßgang reiten
telen 1866, 1867, swv., zeugen
terlinc 282, m., Würfel
test 295, m., Schmelztiegel
tî 433, 2209, m., Gerichts- und Festplatz des Dorfes
tîden 577, 790, swv., Verlangen haben
tocken 2143, swv., zupfen
tôkleymen 1503, swv., mit Lehm zuschmieren
tolter 2038, m., Lappen
tôplöcken 1335, swv., mit einem Pflock zustopfen
tôschîvel(e)n 1754, swv., zuschanzen
tôven 1286, swv., warten
traken 243, swv., schaudern
treddinge (tredinge) 272, f., Niedertretung
treyten (tröyten) 1282, swv., (Flachs) durch Schlagen (mit einer Art Holzhammer) brechen
trumpe 1687, f., Laute (Musikinstrument)
trumpen 1759, swv., Laute schlagen
tülte 1269, f., Ausgußröhre an der Kanne
tummel(e)n 2190, swv., sich umhertummeln
umbheylen 554, swv., den Heischegang tun
unvornuft 1490, f., Torturleiter
unvorwetten (-weten) 1519, ppt., unbekannt
unvrôe 2093, f., Unlust
unwetten (-weten) 1715, ppt., unverständig
upnâme 556, f., Einnahme
uprôgen 764, swv., aufrühren
ûtdreger 782, m., Lastträger

ûtesch 253, adj., ausgebrochen (?)
ûtlesen 1245, stv., aussuchen
ûtmûter(e)n 1097, swv., zu Ende mausern, *sik û.* die Krankheit heraustreiben
ûtpûster 1355, m., Laternenlöscher
ûtze 519, 636, f., Kröte
waddeke 198, 1422, f., Molke (Milchrückstände)
wagensper 1513, n., Wagenverdeck
wanen 1262, swv., fehlerhaft erscheinen
wansedich 741, adj. störrisch
wâpen 1999, a) n., Waffe, b) interj., Ruf zu den Waffen
warvel (wervel) 930, m., Spinnwirtel
weych 1775, m., Wand
wede 1662, f., Weidenrute
weykebrôt 798, 1827, 2177, n., in Fleischbrühe eingeweichtes Brotstück
wîme 1100, m., Stangengerüst zum Aufhängen der Fleischwaren
winterstubbe 2238, m., Baumstumpf für Winterbrennholz (?) oder 1. *-stübbe,* n., Schneeflocke ? [Schneider]
wîwort 1251, f., Weihrauch
wôl 521, m., Streit
wrangen 1173, swv., ringen
wranc 1082, m., Rang (Drüsenkrankheit)
wrîch 21, m., Ärger
wrîge 163, adj., verwirrt
wrimpen 1302, stv., Gesichter schneiden
wringen 692; 1166; 959, 1772; 1910, stv., 1. auspressen; 2. durchpressen; 3. durch Druck hervorbringen; 4. schmerzend drücken
wrîven 1081; 574, 2122, stv., 1. reiben; 2. zerreiben
wrôge 1579, f., Anklage